Albert Schweitzer

Afrikanische Geschichten

Verlag Paul Haupt Bern und Stuttgart

ISBN 3-258-03552-0

Afrikanische Geschichten, erstmals 1939,
Afrikanische Jagdgeschichten, erstmals 1937
erschienen.

Lizenzausgabe des Schweizer Hilfsvereins für das Albert-Schweitzer-Spital in Lambarene, 1985, mit Genehmigung des Felix Meiner Verlags in Hamburg, bei dem sämtliche Rechte für die deutsche Ausgabe (ohne Schweiz und Elsass) liegen.

Zusammenstellung: R. Brüllmann

Bildnachweis: Farbbilder: «Berichte aus Lambarene» des Schweizer Hilfsvereins: 7, 11, 21, 33, 71. «Nouvelles de Lambaréné» der Section de la Suisse romande: 57, 75, 97. «Rundbriefe» des Deutschen Hilfsvereins: Titelseite, 10, 19, 36, 44, 49, 79, 83, 90, 91, 95, 100, 109, 113, 120. Zeichnungen: «Berichte aus Lambarene»: 34, 51, 66, 111, 124, 126 (H. Habicht), 102, 123 (J. und K. Hoerni-Daeniker), letzte Umschlagseite.

Printed in Switzerland

INHALT

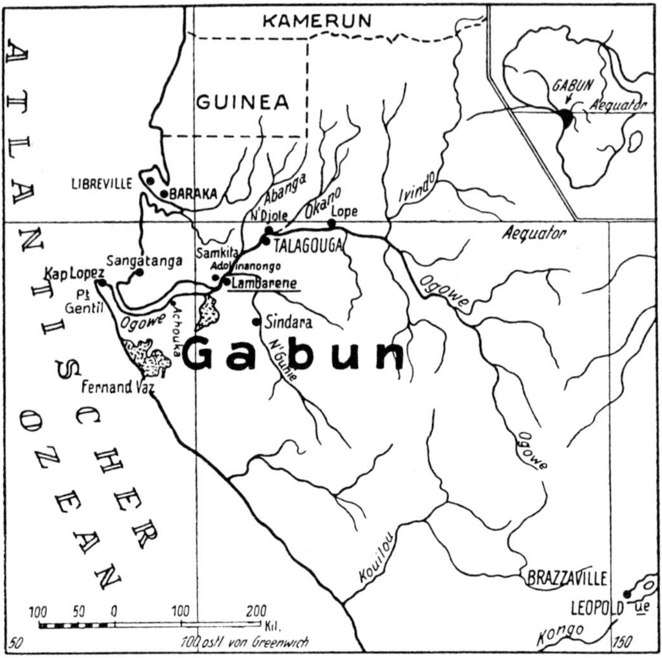
KAMERUN
GUINEA
GABUN
Aequator
ATLANTISCHER OZEAN
LIBREVILLE
BARAKA
Abanga
Okano
Ivindo
N'Djole
Lope
TALAGOUGA
Aequator
Samkita
Adolinanongo
Sangatanga
Kap Lopez
Pt. Gentil
Lambarene
Sindara
Ogowe
Achouka
Gabun
N'Gunie
Fernand Vaz
Ogowe
Ogowe
Kouilou
BRAZZAVILLE
LEOPOLD
Kongo
100 50 0 100 200 Kil.
50
100 östl von Greenwich
150

AUF DEN SPUREN TRADER HORNS

Das Haus, in dem ich diese Afrikageschichten niederschreibe, steht auf einer kleinen Anhöhe am Ogowe oberhalb Lambarenes, die Adolinanongo – das bedeutet «Der über die Völker hinaussieht» – heisst. Sie verdient diesen Namen. Von hier aus schweift der Blick über den Fluss, der sich an dieser Stelle in zwei Arme teilt, über die grünen Inseln, die er umfliesst, und über die Dörfer, die an seinen Ufern liegen, zu der blauen Bergkette hin, an der entlang sein grosser Nebenfluss, die N'Gunje, von Süden her auf ihn zukommt. Auf dieser breiten Anhöhe lag das grosse Dorf des Königs des Galaos, der N'Kombe (Sonnenkönig) genannt wurde. Unten am Ufer befand sich die Faktorei der englischen Firma Hatton & Cookson, die den Schutz N'Kombes genoss.

Dies war Adolinanongo um die Mitte der siebenziger Jahre des vorigen Jahrhunderts, als die Firma Hatton & Cookson dem Leiter der Faktorei, Mr. Gibson, einen jungen Mann aus Liverpool, der zuvor einige Zeit in der Hauptfaktorei in Libreville Dienst getan hatte, als Gehilfen überwies.

Als alter Mann, in einem Asyl in Johannesburg (Südafrika) lebend, hat dann dieser ehemalige Agent der Faktorei von Adolinanongo, von Mrs. Ethelreda Lewis, einer südafrikanischen Schriftstellerin, angeregt und unterstützt, unter dem angenommenen Namen Alfred Aloysius Horn seine Erinnerungen aus jener Zeit aufgezeichnet. Von der Unmittelbarkeit dieses Erzählens und dem Reiz des mit ihm einhergehenden Philosophierens begeistert, schrieb John Galsworthy ein Vorwort zu dem Buche, das bald Berühmtheit erlangte[1].

An dem Ort, wo jetzt mein Spital liegt, war also Trader Horn in jenem Jahre zu Hause. Von Adolinanongo zog er zu seinen Unternehmungen aus; hierher kehrte er von seinen Fahrten zurück. Hier stritt er sich mit seinem Chef, Mr. Gibson, dem er Mangel an Unternehmungsgeist vorwarf. Hier war er zu Beginn der achtziger Jahre mit de Brazza zusammen. De Brazza beredete ihn zu dem Versuche, stromaufwärts, in den Gebieten, in die er sich auf seinem Marsche zum Kongo begab, Faktoreien zu gründen.

Im Verlaufe seines Lebens ist Trader Horn noch weit herumgekommen, nicht nur in Afrika, sondern auch in anderen Weltteilen. Im Alter aber überdeckt die Erinnerung an die Jahre, die er in dem noch so unberührten Urwaldgebiet Gabuns unter den Wilden lebte, die aus den späteren Zeiten. Auch anderen Afrikanern hat es der eigentümliche Zauber Gabuns angetan.

Trader Horn, um bei seinem angenommenen Namen zu bleiben, lebte hier von etwa 1875 bis gegen 1884. Dies ergibt sich aus den Ereignissen und den Personen, die er erwähnt.

---

[1] *Alfred Aloysius Horn:* Abenteuer an der Elfenbeinküste. Deutsche Ausgabe 1928. (Inselverlag Leipzig.) Die englische Ausgabe war 1927 in New York erschienen. Trader = Händler.

Auf den Karten führt heute nur der Küstenstrich zwischen Kap Palmas und Kap Three Points, am nördlichen Eingang des Golfes von Guinea, die Bezeichnung Elfenbeinküste. Trader Horn meint aber die Küste von Kap Lopez gegen die Kongomündung zu, die damals ebenfalls so genannt wurde. Das Gebiet, in dem er Handel trieb, heisst Gabun.

Trader Horn schreibt Adanimanongo. Der Forschungsreisende Alfred Marche, der sich zwischen 1872 und 1877 öfters hier aufhielt, gibt den Namen mit Adanlinanlango wieder. Richtig aber ist Adolinanongo.

In jener Zeit besuchten das Gebiet des Ogowe auch Alfred Marche und de Brazza. Marche hielt sich im Verlaufe zweier Forschungsreisen (1872–1874 und 1875–1877) hier auf. De Brazza kam zwischen 1875 und 1887 mehrmals nach Lambarene. Von hier ging er aus, als er den Oberlauf des Ogowe erforschte und einen brauchbaren Weg vom Ogowe zum Kongo suchte.

Blick von Adolinanongo über das Spital und den Ogowe zu den blauen Bergen.

Protestantische Missionare einer amerikanischen Missionsgesellschaft wirkten am Ogowe vom Jahre 1874 an. Die katholische Missionsstation in Lambarene wurde im Jahre 1881 gegründet.

Die Aufzeichnungen, die Marche, de Brazza und einige der amerikanischen Missionare veröffentlicht haben, sowie die Erinnerungen an jene Zeit, wie sie sich noch bei alten Leuten unter den Eingeborenen findet, erlauben es, die Berichte Trader Horns zu kontrollieren.

Während das Andenken seines Chefs, Mr. Gibsons, im Lande lebendig geblieben ist, können sich nur wenige alte Leute auf seinen Untergebenen von damals besinnen. Das, was sie noch von ihm wissen, ist, dass er sehr jung war, dass er nach seinem Kopfe und auf eigene Faust Geschäfte machen wollte und deswegen ständig Palaver mit Mr. Gibson hatte, dass er sehr temperamentvoll war und dass der Rum und alle guten Branntweine bei ihm in Ehren standen.

Trader Horn lässt an mehreren Stellen durchblicken, dass in seinen Erinnerungen Dichtung eingewoben ist. Erfunden ist die Erzählung der Priesterin Lola, die, von einem weissen Vater abstammend, in einem Heiligtum der Eingeborenen lebte, von Trader Horn bei seiner Heimreise entführt wurde und alsbald seinem ehemaligen Schulgenossen in Liverpool, einem steinreichen Peruaner (dem er von ihrer Schönheit berichtet hatte und der daraufhin nach Afrika kam), die Hand zum Lebensbunde reichte. Etwas wie Vestalinnen hat es in diesem Lande nie gegeben. Man spürt es dem munteren Alten an, welchen Spass es ihm bereitet, den gutgläubigen Lesern einen so rührenden Urwaldroman vorzusetzen. Durch diesen wird aber das Buch entstellt.

Auch wo er auf seine Abenteuer mit wilden Tieren zu reden kommt, scheint Trader Horn seiner Phantasie zuweilen die Zügel schiessen zu lassen.

Über die Gewohnheiten der wilden Tiere berichtet er hie und da ebenfalls etwas frei. So lässt er zum Beispiel das Krokodil vom Wasser aus Gänge in das Ufer hineingraben. Dies tut aber nur der eigentliche Kaiman.

Leoparden, Elefanten, Nilpferde, Büffel, Krokodile, Riesenschlangen, Schimpansen und Gorillas finden sich hier heute noch ebenso zahlreich wie zu jener Zeit. Sie führen sogar ein ruhigeres Dasein als damals, weil sie von den Eingeborenen viel weniger gejagt werden als früher. Die Bevölkerung hat abgenommen. Auch verfügen die Schwarzen nicht mehr über soviel freie Zeit wie damals und besitzen die Übung ihrer Vorfahren nicht mehr.

Wenn in den Zeitungen immer wieder zu lesen steht, dass die Tage der Elefanten und Gorillas gezählt sind, so gilt dies jedenfalls nicht für die unseren. Diese denken nicht daran auszusterben. In einigen nicht weit vom Spital gelegenen Dörfern mussten die Eingeborenen in der letzten Zeit mehrmals erleben, dass die Pflanzungen von den Elefanten verwüstet wurden.

Was Trader Horn über Land und Leute berichtet, ist, von Kleinigkeiten abgesehen, zutreffend. Dass er nach so vielen Jahren die Geographie der Gegend und die Namen von Orten und Personen noch so gut im Kopf hat, bedeutet eine ganz erstaunliche Gedächtnisleistung.

Über seine Tätigkeit als Händler berichtet er in sehr sachlicher Weise. Beurteilt man das, was er unternahm, aus der Kenntnis des Landes und der Verhältnisse heraus, so wird offenbar, dass er nicht nur ausserordentlich unternehmend, sondern auch hervorragend tüchtig war. Wenn er zum Beispiel auf Grund einer Erkundungsreise im Gebiete der oberen N'Gunje seinen Vorgesetzten zu überzeugen versucht, die Ware aus jener Gegend nicht auf der so verlockenden Wasserstrasse des Ogowe, sondern auf dem direkten Wege ans Meer zu befördern, so spricht er damit die Einsicht aus, die sich bis heute immer aufs neue bewahrheitet hat.

Sein klarer Blick erweist sich auch darin, dass er von dem Momente an, wo durch de Brazza die Herrschaft der Weissen über das Land effektiv zu werden beginnt, darauf bedacht ist, den Handel von der Abhängigkeit, in der er sich den Häuptlingen gegenüber befindet, zu befreien. Er fordert den freien Handelsverkehr auf dem

In einem Urwalddorf.

Flusse und will von Weissen geleitete Niederlassungen weiter im Innern gründen, um direkt und billig einzukaufen, statt in jenen Gegenden auf schwarze Zwischenhändler angewiesen zu bleiben und von ihnen eine durch die Abgaben an die Häuptlinge verteuerte Ware zu beziehen.

Diesen Plan setzte er auf der 180 Kilometer stromaufwärts von Lambarene bei dem heutigen N'Djole gelegenen Insel Osange – Trader Horn schreibt Isange – in die Tat um und lässt sich durch die Kämpfe, in die er dadurch mit einem Häuptling gerät, nicht beirren.

Er scheint das Unternehmen auf eigene Faust und auf eigene Rechnung betrieben zu haben. Wenigstens erwarb er die Insel für sich persönlich, nicht für die Firma. Dass Agenten sich so selbständig betätigten, kam damals in dem kolonialen Handelsbetrieb vor. Dabei blieb Trader Horn im Dienste der Firma. Er bezog die

Auf dem Ogowe.

Tauschwaren von ihr und lieferte ihr die damit eingehandelten Produkte.

Der freie Handelsverkehr brachte eine Gefahr mit sich, der Trader Horn freilich noch keine Aufmerksamkeit schenkte. So lange die Waren von Stamm zu Stamm weitergegeben wurden und also kein durchgehender Verkehr stattfand, waren die Eingeborenen gegen die Einschleppung von Krankheiten ziemlich gut geschützt. Als aber Träger, die in anderen Gegenden angeworben waren, in Begleitung der Weissen vom Meere bis tief ins Innere gelangten, war das Auftreten bisher unbekannter Krankheiten im Ogowegebiet nur eine Frage der Zeit. Im Jahre 1876, also zur Zeit Trader Horns, traten, wie wir durch Marche wissen, die Pokken am oberen Ogowe auf. Im Jahre 1886, nach dem Weggange Trader Horns, raffte eine Pockenepidemie am Unterlaufe des Ogowe, nach dem, was mir alte Leute berichteten, fast die Hälfte der Bevölkerung hinweg. Später brachten dann Träger aus Stämmen, die an der Küste gegen den Kongo zu wohnten, die Schlafkrankheit ins Land. Leider war diese nicht, wie die Pocken, durch Impfung der Bevölkerung zu bekämpfen.

Dass Trader Horn später nicht mehr auf den interessanten Posten in Lambarene zurückkehrte, lag vielleicht an den Schwierigkeiten, die zwischen Mr. Gibson und seinem so unternehmenden und eigenwilligen Agenten entstanden waren.

Der «Pionier», eines der Schiffe der Firma, mit dem Trader Horn so manche Fahrt auf dem Ogowe und auf dem Meere zwischen Kap Lopez und Libreville machte, gehörte, wie er selber auch berichtet, ursprünglich Livingstone. Dieser hatte den ziemlich grossen Raddampfer im Jahre 1861 von der englischen

Regierung für seine Reisen auf dem Zambesi erhalten. Seines Tiefganges wegen eignete er sich nicht für den Zambesi und wurde, nachdem er mehrmals den Besitzer gewechselt hatte und wieder nach Liverpool zurückgekehrt war, von der Firma Hatton & Cookson erworben und an den Ogowe gebracht. Hier stand er lange Jahre hindurch im Dienst. Der «Pionier» trug im Jahre 1874 den ersten amerikanischen Missionar, Doktor Nassau, den Fluss hinauf.

So stehen durch ein den Namen «Pionier» tragendes Schiff die beiden so verschiedenen Pioniere Livingstone und Trader Horn miteinander in Beziehung. Wie schwer muss es Livingstone gefallen sein, sich darein zu ergeben, dass das so heiss ersehnte Schiff für ihn nicht verwendbar war!

Auf die Frage, warum er, der doch seinen Zambesi und dessen Sandbänke kennen musste, es nicht durchsetzte, dass ihm ein Schiff mit entsprechend geringem Tiefgang geliefert wurde, finde ich keine Antwort.

In den Handel im Gabun teilten sich damals die beiden Weltfirmen Hatton & Cookson aus Liverpool und Karl Woermann aus Hamburg. Neben ihnen kamen die anderen kaum in Betracht. Beide hielten auf gute Kameradschaft, was nicht schwer war, weil die Geschäfte äusserst gut gingen. Vor der Ankunft Trader Horns hatte sich die deutsche Faktorei auch in Adolinanongo, in der Nachbarschaft der englischen, befunden. Später wurde sie auf die gegenüber zwischen den beiden Flussarmen gelegene sogenannte Grosse Insel verlegt. Trader Horn, der sich mit dem Leiter der Woermann-Faktorei, Herrn Schiff, einem schon älteren Herrn, befreundete, liess sich die Pflege der guten Beziehungen zwischen den beiden Häusern angelegen sein.

Lambarene war damals der am weitesten in das Innere vorgeschobene Posten der beiden Firmen.

Die hauptsächlichsten Handelsartikel waren zu jener Zeit Elfenbein, Gummi, Ebenholz und Rotholz (Paduk).

Am meisten verdiente man am Gummi. Dies war der gesuchteste Artikel. Damals gab es noch keine Gummiplantagen. Der Welthandel war auf im Urwald aus den Lianen gewonnenes Gummi angewiesen. Das Gummisuchen aber war eine harte und ekelhafte Arbeit. Wochenlang mussten die Eingeborenen, die sich damit abgaben, sich im Urwald und seinen Sümpfen aufhalten, hier Hunger leiden, weil sie, fern von ihren Pflanzungen, sich nur schwer Nahrungsmittel verschaffen konnten, und die Qualen, die ihnen Insektengetier aller Art bereitete, erdulden. Den der Liane entnommene Saft strichen sie sich auf den Körper und liessen ihn dort erstarren. Um sich die saure Arbeit möglichst zu erleichtern, schnitten sie die Lianen ab und liessen sie ausbluten, statt den Saft nur aus Einschnitten, bei denen die Pflanzen erhalten blieben, zu gewinnen. So wurde Raubbau getrieben. Immer tiefer musste man in den Urwald dringen, um die kostbaren Lianen noch zu finden. Und da Gummi immer mehr begehrt wurde, wurde in ganz Äquatorialafrika ein Druck auf die Bevölkerung ausgeübt, um sie zu dessen Lieferung zu veranlassen. So wurde Gummi das Unglück der Eingeborenen, bis dann, nach und nach, die mächtigen Gummipflanzungen, die man in Holländisch-Indien und anderswo angelegt hatte, zu tragen anfingen.

Als ich 1913 ins Land kam, spielte Gummi im Handel schon nicht mehr dieselbe Rolle wie früher. Seit einer Reihe von Jahren wird Urwaldgummi überhaupt kaum noch begehrt und ausgeführt. Plantagengummi hat ihn völlig verdrängt. Die junge Generation der Eingeborenen weiss nur noch vom Hörensagen von dem Elend, das das Gummi vor wenigen Jahrzehnten über die Schwarzen gebracht hat, und die unterdes wieder nachgewachsenen Gummilianen des Urwaldes haben nichts mehr von dem Messer zu befürchten.

Das Elfenbein musste damals schon weiter aus dem Innern beschafft werden, da die Vorräte der Gegenden nach dem Meere zu bereits verbraucht waren.

Das herrliche, leuchtende rote Paduk-Holz, hier Oïngo genannt, kommt, wie auch das Ebenholz, im Ogowegebiet häufig vor. Grosse Mühe macht es, diese so schweren Hölzer durch den Wald an die Boote, in die sie verladen werden können, zu transportieren. Paduk wird nicht nur als Holz verwandt; man bereitet aus ihm auch eine sehr geschätzte rote Farbe.

Den Gebrauch von Paduk, das in Europa so teuer bezahlt wird, suchen wir hier nach Möglichkeit zu vermeiden, da es sich sehr schwer verarbeiten lässt. Wenn sich in dem Gebälk mehrerer Bauten meines Spitals viel Paduk befindet, so hat dies seinen Grund nicht in meiner Freude an kostbarem Holze, sondern darin, dass ich damals kein anderes bekommen konnte. Als ich bei meinem Freunde Mr. Airth, dem Leiter einer Sägerei am Gome-See, Hartholzbalken bestellte, entschuldigte er sich, dass ich mit Paduk vorliebnehmen müsse, weil er zur Zeit kein anderes Holz zu sägen habe. Auch liess er mir dieses Edelholz billiger ab als gewöhnliches Hartholz! Ich aber musste meinem schwarzen Zimmermann Monenzali gute Worte und ein Geschenk geben, um ihn für die Mühe zu entschädigen, in dieses von ihm verabscheute allzu harte Holz Nägel zu schlagen und Löcher zu bohren.

Palmöl und Palmkerne spielten in dem hiesigen Handel damals noch keine Rolle. An der Nigermündung und in der Bucht von Libreville nahmen die Schiffe aber schon Palmöl ein. Kaffee- und Kakaopflanzungen begann man im Ogowegebiet erst gegen Ende des Jahrhunderts anzulegen. Okumeholz, das heute die Hauptausfuhr Gabuns ausmacht – es werden davon etwa 300 000 Tonnen im Jahre verfrachtet –, fing man erst um 1905 herum an zu schlagen. Zur Zeit Trader Horns wurde diesem halbharten Holze, aus dem die Eingeborenen ihre Kanus verfertigten, keine Beachtung geschenkt. Man beschäftigte sich nur mit harten Edelhölzern. –

Verwaltungsbeamte hielten sich im Ogowegebiet zu jener Zeit nur vorübergehend auf. Das Land war der in Libreville befindlichen Flottenstation unterstellt. Aber die Marineoffiziere konnten nicht viel mehr tun, als von Zeit zu Zeit, wenn wieder reichliche Klagen wegen Plünderungen von Faktoreien und Warentransporten durch die Eingeborenen eingelaufen waren, kleine Kanonenboote den Fluss hinaufzuschicken, um die betreffenden Dörfer zu beschiessen. Und auch dies war nur bei normalem Wasserstande des Flusses, also nur während einiger Monate im Jahre, möglich. In der trokkenen Jahreszeit hatten die Eingeborenen in dieser Hinsicht nichts zu befürchten.

Ein alter Mann, der sich zur Zeit in meinem Spital befindet, erzählt mir, dass er als Knabe die Beschiessung seines Dorfes durch ein Kanonenboot erlebte.

In der Hauptsache waren die weissen Händler also ganz auf sich angewiesen, wie dies auch aus den Berichten Trader Horns hervorgeht. Sie hatten den Häuptlingen regelmässige Abgaben zu entrichten. In den ständigen Kriegen zwischen den Stämmen mussten sie versuchen, neutral zu bleiben oder die Partei des voraussichtlichen Siegers zu ergreifen.

Von der Abhängigkeit, in der die Weissen sich den Häuptlingen gegenüber befanden, und von den unsicheren Verhältnissen wissen wir auch aus den Berichten der amerikanischen Missionare. Wollten sie eine Predigtreise unternehmen, so mussten sie zuerst bei den Häuptlingen, durch deren Gebiet die Fahrt ging, um Erlaubnis fragen und ihnen die dafür verlangten Abgaben zukommen lassen. Die erste Station bei Lambarene errichteten sie auf einem steilen Berge, um den plündernden Wilden die Sache etwas zu erschweren. Die Betonpfeiler dieses Hauses sind heute noch in dem Walde oberhalb der jetzigen Station zu sehen.

Wenn Trader Horn, wie er schreibt, bei seinen Fahrten Inseln und Sandbänke als die einzig sicheren Lagerplätze betrachtete, so wusste er warum.

In den Unruhen, die 1874, nach dem Tode des Sonnenkönigs, in Adolinanongo ausbrachen, mussten der Forschungsreisende Marche und Herr Walker, der damalige Agent der Firma Woermann, die Faktorei mit Palisaden umgeben, um sich gegen die Eingeborenen verteidigen zu können.

Um den Handelsposten behaupten zu können, den er auf Anregung de Brazzas flussaufwärts auf der in der Gegend des heutigen N'Djole gelegenen Insel Osange gegründet hatte, kam Trader Horn in die Lage, einem Häuptling, der ihm die Warenzufuhr den Fluss herauf abschnitt und sich überdies anschickte, ihn auf der Insel anzugreifen, ein blutiges Treffen liefern zu müssen. Der Häuptling fühlte sich durch die neu eröffnete Handelsstation benachteiligt. Er verlor dadurch Einkünfte, die er davon gehabt hatte, dass der Handel flussaufwärts auf seinem Ufer bisher durch ihn ging und ihm Abgaben für die durchkommenden Waren eintrug.

Mr. Gibson war nicht dafür, sich mit den flussaufwärts wohnenden Stämmen auf Kämpfe einzulassen. Als der Häuptling die Kanus mit den Waren geraubt hatte, trat er alsbald, ohne zu wissen, dass dieser dazu noch einen Angriff gegen seinen Agenten unternahm, in Verhandlung mit ihm ein und schloss mit ihm den Vergleich, dass er die Kanus mit den Waren und die gefangengenommenen Leute zurückgäbe, wohingegen die Firma Hatton & Cookson sich verpflichtete, ihren Agenten zurückzuberufen. Auf Grund seines Sieges konnte Trader Horn sich dann aber über die Abmachungen seines Chefs hinwegsetzen und dem Häuptling zum Trotz dort oben Handel treiben.

Mit Ingrimm äussert er sich als alter Mann Mrs. Ethelreda Lewis gegenüber: «Dieser Gibson gehörte zu einer Art Menschen, die die Natur nicht zum Flusshandel geschaffen hat.»

Dass zur Zeit Trader Horns so überaus unsichere Zustände im Ogowegebiet herrschten, hatte seinen Grund vornehmlich darin, dass die Pahuins, auch Fangs genannt, ganz wilde Menschenfresser aus dem Innern, sich in Bewegung auf die Küste zu befanden und dabei einen Druck auf die Stämme ausübten, die sie auf ihrer Wanderung antrafen. Die alte Bevölkerung lebte in grosser Angst vor den gewalttätigen Eindringlingen. Um besser gegen die Pahuins geschützt zu sein, verliessen die Galoas um die Mitte der achtziger Jahre Adolinanongo und siedelten sich gegenüber auf der Grossen Insel an. Die Firma Hatton & Cookson hatte bereits etwas früher ihre Faktorei eben dahin verlegt. Der Grund zu dieser Verlegung war wohl, dass das grosse Galoadorf zu Adolinanongo in den Unruhen, die nach dem Tode des Sonnenkönigs ausgebrochen waren, an Bedeutung verloren hatte und dass der Verkehr sich mehr der Grossen Insel zuwandte.

Als Trader Horn von seiner grossen, vermutlich in das Jahr 1883 fallenden Expedition zurückkehrte, war der Umzug schon vollzogen. Das neue Haus, das er in seinen Erinnerungen als gut gebaut und in jeder Beziehung als zweckmässig lobt, stand noch bis vor wenigen Jahren. Es ruhte auf zwei Meter hohen Hartholzpfeilern. Sein Dach war mit Raphiablättern gedeckt.

Motorboot auf dem Ogowe.

Nur das Dazwischentreten der Weissen rettete die eingesessene Bevölkerung des Ogowegebietes davor, von den Pahuins aufgerieben zu werden. Aus eigener Kraft hätten sich die alten Stämme, die trotz der ihnen gemeinsam drohenden Gefahr sich noch weiter untereinander bekriegten, nicht gegen sie behaupten können.

Wenn alteingesessene Eingeborene mir gegenüber ihren Unmut kundgeben, von den Weissen beherrscht zu sein, antworte ich ihnen, dass sie ohne die Weissen nicht mehr existieren würden, weil sie entweder sich gegenseitig erschlagen oder im Kochtopf der Pahuins geendet hätten. Hierauf vermögen sie nichts zu erwidern. Überhaupt: so Vieles und so Schweres sich die Weissen in der ganzen Welt in der Kolonisation leider zuschulden kommen liessen, so können sie doch dies eine für sich anführen, dass sie den von ihnen unterworfenen Völkern insoweit Frieden gebracht haben, als sie den sinnlosen Kriegen, die fort und fort unter ihnen wüteten, ein Ende machten. Wie viel dies bedeutet, kann ich ermessen, wenn ich mir die Verhältnisse, wie sie zur Zeit Trader Horns im Ogowegebiet bestanden, vergegenwärtige.

Der Handel wurde damals als reiner Tauschhandel betrieben. Für Elfenbein, Gummi, Ebenholz und Rotholz erhielten die Eingeborenen von den Händlern Salz, Branntwein, Gewehre, Pulver, Blei, Kochtöpfe, Geschirr, Baumwollstoff und Tand. Die Fässer, in denen man Gummi nach Europa sandte, kamen mit alten Uniformen gefüllt zurück.

Salz war eine sehr begehrte Bezahlung. Im Innern war kein Salz zu finden. Die Eingeborenen würzten ihre Speisen mit Pottasche, die sie bereiteten, indem sie kleine Sumpfpflanzen mit fleischigen Blättern verbrannten. Bevor die Weissen kamen, trieben die Küstenbewohner mit Salz, das sie am Meere gewannen, einen sehr einträglichen Handel mit den Gegenden des Innern. Später wurde dieses Salz nach und nach durch das, das die Weissen in Säcken brachten, verdrängt, wodurch die Küstenbewohner ihren bisherigen Verdienst verloren. Um den Salzhandel, und damit den Handel überhaupt, in den Händen zu behalten, taten die Küstenbewohner alles, um die Weissen vor dem Vordringen ins Innere des Landes abzuschrecken und abzuhalten. So kam es, dass, während die Küste an der Mündung des Ogowe schon seit dem Ende des 15. Jahrhunderts bekannt war und schon lange von weissen Händlern besucht wurde, diese doch erst um 1870 den Fluss heraufkamen!

Noch heute ist Salz das Zahlungsmittel, das im Innern den besten Kurs hat. Mit Geld können die Leute in den entlegenen Gegenden, in denen die nächste Faktorei viele Tagereisen weit entfernt ist, nichts anfangen.

Über die Rolle, die Rum und Branntwein damals im Lande spielten, finden sich ganz unbefangene und bezeichnende Angaben bei Trader Horn. Als sein Chef ihm sein Erstaunen ausdrückte, dass er zur Erkundung des Verlaufes der Handelswege weit in ein unerforschtes, von besonders berüchtigten, kriegerischen Stämmen bewohntes Gebiet hatte vordringen können, ohne von der Waffe Gebrauch machen zu müssen, erwiderte er ihm, dass seine Waffe die Flasche gewesen sei.

Die Insel flussaufwärts, auf der er eine Handelsstation einrichten will, erwirbt er von dem Häuptling, dem sie gehört, als Eigentum für alle Zeiten für eine Flasche Gin. War er zufrieden mit seinen Ruderern, so wurde abends Rum verteilt.

Was aus den Menschen werden sollte, die man so daran gewöhnte, ständig mit Rum und Branntwein sich zu betrinken, darüber machte man sich damals hier ebensowenig Gedanken wie an der ganzen Westküste. Der Handel kannte nur die eine Sorge, sich von den Eingeborenen möglichst viel Produkte liefern zu lassen. Erst mit der Zeit kamen die Weissen zur Einsicht, dass der Alkohol den Ruin der Bevölkerung und damit auch des Landes und des Handels bedeute. Im Jahre 1913 – ich erlebte es mit – taten sich alle Europäer zusammen und verlangten, dass der Verkauf von Rum und Branntwein an die Schwarzen verboten werden solle. Dies erreichten sie, wenn auch nicht gleich. Damit war schon viel gewonnen. Eine grosse Handelsgesellschaft, die am oberen Ogowe eine Monopolstellung innehatte, hatte schon seit dem Ende der neunziger Jahre Rum und Branntwein von ihren Gebieten ferngehalten und damit die besten Erfahrung gemacht.

Auch Gewehre und Pulver brachte man zur Zeit Trader Horns in Mengen unter die Leute, ohne die Folgen zu bedenken. Wenn die Kriege, die die Stämme untereinander führten, den Handel störten, so belebten sie ihn auch wieder, weil sie die Nachfrage nach Gewehren und Pulver unterhielten.

Als dann die Verwaltung nach und nach soweit war, dass sie daran gehen konnte, geordnete Zustände im Lande zu schaffen, befand sie sich, hier wie überhaupt in den afrikanischen Kolonien, infolge der bei den Eingeborenen so reichlich vorhandenen Gewehre in einer äusserst schwierigen Lage. Es dauerte Jahre und Jahre, bis sie es erreichte, dass die Eingeborenen ihre Gewehre ablieferten und sich damit abfanden, dass ihnen nur eine bestimmte Zahl von Jagdgewehren zugestanden wurde.

Zu Trader Horns Zeit wurde der Sklavenhandel hier noch lebhaft betrieben. Er blühte zwar nicht mehr wie früher, weil kaum Sklaven über das Meer ausgeführt wurden. Aber im Inland bestand noch immer Nachfrage nach Sklaven.

Einen ersten Schlag erlitt der Sklavenhandel, als England und Frankreich, um die Mitte der dreissiger Jahre des 19. Jahrhunderts, miteinander vereinbarten, an der Küste Westafrikas Kriegsschiffe zur Bekämpfung des Sklavenhandels zu unterhalten. Das zu überwachende Gebiet war aber so gross, dass die Ausfuhr, wenn auch sehr gehemmt, doch bei weitem noch nicht unterbunden war. In der Mitte des Jahrhunderts hatten England und Frankreich zusammen 52 Kreuzer zur Überwachung der Westküste Afrikas. In Ansehung der Tatsache, dass die in Betracht kommende Strecke 4000 Seemeilen lang war und den Fahrzeugen der Sklavenhändler ausgezeichnete Verstecke bot, war dies nicht viel.

Obgleich die 1843 in der Bucht von Gabun gegründete Flottenstation kaum einige Stunden Fahrt nordwärts von Kap Lopez und dem Mündungsgebiet des Ogowe entfernt war, wurden hier bis gegen 1870, wenn nicht noch später, immer noch – zuletzt in aller Heimlichkeit – Sklaven verschifft. In der letzten Zeit waren sie, wie mir alte Leute erzählten, für die Plantagen gewisser kleiner Inseln an der Westküste Afrikas bestimmt. «Kap Lopez und die Flussmündung sind von den Urungus bewohnt, die Piraten und Sklavenhändler sind», heisst es bei Trader Horn.

Die Flottenstation in der Bucht von Gabun bekam ihren Namen Libreville daher, dass hier im Jahre 1849 Sklaven eines in der Nähe gekaperten Sklavenhändlerschiffes angesiedelt wurden.

In früherer Zeit war Kap Lopez einer der grössten Ausfuhrplätze für Sklaven an der Westküste Afrikas gewesen. Über den Sklavenhandel, wie er noch in der zweiten Hälfte der fünfziger Jahre dort bestand, sind wir durch den in jener Zeit dort weilenden amerikanischen Forschungsreisenden Paul du Chaillu unterrichtet. Er sah dort noch eine ganze Anzahl von Bauten, in denen für Amerika bestimmte Sklaven untergebracht waren. Die Männer waren zu je sechs aneinander gekettet. Da sie durch ihre Halsbänder mit dieser Kette verbunden waren, konnten sie sich miteinander innerhalb der Palisaden, die die Gebäude umgaben, frei bewegen und auch Arbeit tun. Ein solcher Sklavenpark hiess bei den Portugiesen, die den Sklavenhandel dort hauptsächlich betrieben, Barracon. Von einem Barracon, das einst in der Nähe von Libreville stand, leitet sich der Name der 1842 auf jenem Gelände gegründeten protestantischen Missionsstation Baraka ab.

Bei seinen Wanderungen in der Umgebung von Kap Lopez traf du Chaillu ganze Hügel von Gebeinen an, die von den Sklavenleichen, die man im Laufe der Zeiten zu Tausenden übereinandergeworfen hatte, herrührten. Kennern der Gegend im weiten Umkreise von Kap Lopez ist es aufgefallen, dass es dort grosse Strekken von relativ jungen Waldungen gibt. Dieser Wald wuchs auf Flächen nach, die im achtzehnten Jahrhundert und in der ersten Hälfte des neunzehnten abgeholzt worden waren und Pflanzungen zur Ernährung der vielen Sklaven abgegeben hatten.

Für einen jungen Sklaven, der in seiner Gegenwart eingeliefert wurde, gab, nach dem Berichte von du Chaillu, der portugiesische Händler ein Fass Rum von hundert Litern, einige Ellen Baumwollstoff und dazu noch eine Anzahl Glasperlen. Für eine junge Frau wurden bezahlt: ein Gewehr, ein grosser kupferner Kessel, sechzig Meter Baumwollstoff, zwei Stücke Eisen, zwei Buschmesser, zwei Spiegel, zwei Feilen, zwei Teller, zwei Riegel, ein Fässchen Pulver, einige Perlen und etwas Tabak. Dies waren die Preise an der Küste. Im Innern waren Sklaven viel billiger erhältlich. Ein junger Mann kostete dort vier Pfund Salz, einen kupfernen Kessel, einige Meter Baumwollstoff und einige Glasperlen.

Du Chaillu hatte auch Gelegenheit, eine Verladung von Sklaven zu sehen. Eines Tages fuhr ein Schoner von etwa 170 Tonnen in die Bucht ein. Alsbald begann die Einschiffung von 600 Sklaven. Sie ging in mächtigen Einbäumen vor sich, in denen je 26 Ruderer und etwa 60 Sklaven Platz nahmen. Zwei Stunden, nachdem der Schoner erschienen war, machte er sich schon wieder davon. Er hatte solche Eile, um nicht in der Bucht von einem Kreuzer überrascht zu werden.

Was die Sklaven noch besonders zur Verzweiflung brachte, war, wie auch du Chaillu berichtet, der Glaube, dass sie in das ferne Land jenseits des Meeres gebracht würden, um dort von den Weissen geschlachtet und gegessen zu werden.

Von alten Leuten habe ich es hier öfters gehört, dass die Schwarzen früher meinten, das Fleisch in den Konservenbüchsen rühre von geschlachteten Sklaven her.

Kap Lopez belieferte hauptsächlich Brasilien und Kuba. Du Chaillu gegenüber beklagten sich die Portugiesen, dass das Geschäft nicht mehr gehe, nicht so sehr, weil es durch die Überwachung an der Küste erschwert sei, als weil Brasilien die Zahl der einzuführenden Sklaven, aus Angst, die zahlreichen Schwarzen könnten eine Gefahr für die Weissen bedeuten, herabgesetzt habe. Nur Kuba sei noch ein guter Abnehmer.

Als dann, nach dem Sezessionskriege (1861–1865), das Halten von Sklaven in den Vereinigten Staaten abgeschafft wurde, mussten die Sklavenhändler an der Westküste Afrikas ihr Gewerbe nach und nach aufgeben.

Dass zu derselben Zeit im Ogowegebiet aber noch ein lebhafter Inlandssklavenhandel vom Innern her nach dem Küstengebiete zu bestand, wissen wir aus Berichten von Marche und de Brazza und aus den Erinnerungen Trader Horns.

Die alteingesessene Bevölkerung in den Küstengebieten war von jeher gewöhnt, Sklaven zur Arbeit in den Pflanzungen zu verwenden. Gar in den Familien, die seit Generationen vom Handel lebten, wurde körperliche Arbeit als nicht standesgemäss angesehen. Dass ein Schwarzer sich hier den besseren Kreisen zuzählt, offenbart sich auch heute noch darin, dass er im Kanu nicht mitpaddelt. Wenn ich auf einer Fahrt von einem meiner Heilgehilfen begleitet bin, habe ich alle Mühe, ihn dazu zu bringen, dass er es nicht für unter seiner Würde hält, auch eine Paddel in die Hand zu nehmen.

Die Gummiausfuhr brachte sogar eine Belebung des Sklavenhandels mit sich. Man brauchte jetzt Sklaven nicht nur zum Bebauen der Pflanzungen, sondern auch zur Gewinnung von Gummi.

Wenn Forschungsreisende oder weisse Kaufleute Fahrten nach dem Innern zu unternahmen, boten sich ihnen viele Ruderer an. Diese benutzten die Gelegenheit, oben Sklaven zu billigen Preisen zu kaufen und sie im Schutze der Weissen herunterzubringen, ohne für sie den Häuptlingen, durch deren Gebiet man reiste, die geschuldeten Abgaben zu entrichten.

Im Innern wurden Sklaven gewöhnlich gegen Salz eingetauscht. Die Aussicht, in ein Land zu kommen, in dem es Salz gab, liess viele von ihnen die Trauer um den Verlust der Heimat und die Trennung von den Ihrigen vergessen. Trader Horn berichtet, dass er einst auf der N'Gunje einigen grossen Kanus begegnete, in denen die Sklaven, in der Aussicht, dass sie an der Küste Salz und Salzfische bekommen würden ganz vergnügt aussahen. Sehr viele Sklaven litten aber schwer darunter, in die Fremde zu müssen.

Unter den Sklaven befanden sich viele, die von ihren Stammesgenossen wegen verübten Betrugs oder auch wegen Zauberei, durch die sie Unglück über andere gebracht haben sollten, verkauft worden waren. Fast immer wurden die Angehörigen einer Familie voneinander getrennt. Oft wurden die Eltern ertränkt und nur die Kinder mitgenommen.

Alte Leute haben mir erzählt, dass Eltern aus gewissen Gebieten des Innern ihre Kinder in die Sklaverei verkauften, nicht so sehr des Gewinnes halber, als damit ihre Kinder in ein Land kämen, wo sie genug zu essen hätten.

Äquatorialafrika besass, wie ich auch in «Zwischen Wasser und Urwald» bemerke, ursprünglich keine Fruchtbäume und keine Fruchtpflanzen. Die Bananenstaude, der Maniok, der Yam, die Batate und die Ölpalme sind hier nicht heimisch, sondern wurden von den Portugiesen aus den westindischen Inseln eingeführt. In den Landstrichen des Innern, in die diese Nutzpflanzen noch nicht hingekommen waren, hatten die Eingeborenen ausser dem, was die Jagd und der Fischfang eintrugen, nur gewisse Wurzeln und die Früchte etlicher Bäume des Waldes als Nahrungsmittel. Waren Jagd und Fischfang nicht ergiebig, so entstand – was oft geschah – Hungersnot. Den Bewohnern solcher hauptsächlich im Quellgebiet der N'Gunje gelegenen Hungergegenden erschien das Unterland, in dem es Pflanzungen – von Salz nicht zu reden – gab, als ein Paradies, das sie ihren Kindern wünschten.

Aus jenen Hungergebieten kamen auch Leute, die zu den Erdessern gehören, in mein Spital. Aus Hunger nahmen sie als Kinder die Gewohnheit an, Erde zu essen, und behielten sie dann bei, auch wenn sie genügend Nahrung hatten.

Im allgemeinen hatten es die Sklaven bei den Eingeborenen nicht schlecht. Wenn sie ihre Arbeiten taten, liess man sie in Ruhe. War der Herr mit ihnen zufrieden, so gab er ihnen die Möglichkeit zu heiraten. Ihre Kinder gehörten dann natürlich ihm. Viele Sklavinnen heirateten in die Familien ihres Herrn hinein.

Zu idyllisch – wie man es manchmal tut – darf man sich freilich die Lage dieser Haussklaven nicht vorstellen. Ihr Herr konnte mit ihnen ganz nach Willkür verfahren, seine Grausamkeit an ihnen auslassen und sie töten.

Starb ein Häuptling, so wurde zu seinen Ehren eine Anzahl seiner Sklaven hingeschlachtet. Dass dieser Brauch noch zu Ende der fünfziger Jahre im Gabun allgemein verbreitet war, wissen wir durch du Chaillu. Dieser führte es als etwas ganz Besonderes an, dass Will Glass, ein Angehöriger einer Häuptlingsfamilie aus der Umgegend von Libreville, beim Sterben ausdrücklich verbot, dass Sklaven auf seinem Grabe geopfert würden. Unter dem Einfluss der amerikanischen Missionare hatte er sich über die überkommenen Anschauungen erhoben.

Der Kampf gegen den Sklavenhandel und das Halten von Sklaven ging von de Brazza aus. Bei seinem ersten Aufenthalt (1875–1878) liess er es vorsichtigerweise noch dabei bewenden, dass er Sklaven, die die Freiheit wollten, freikaufte. Es kam ihm vorerst darauf an, den Grundsatz, dass kein Schwarzer seine Freiheit verlieren könne, zu proklamieren. Das erste Loskaufen tätigte er am Oberlauf des Ogowe, in Lope, wo neben seinem Lager ein Sklavenmarkt abgehalten wurde. Er liess den Sklaven, die die Kanus zur Hinunterfahrt besteigen sollten, mitteilen, dass er diejenigen, die es wünschten, freikaufen würde. Es meldeten sich aber nur achtzehn. Und auch diese meinten, nun die Sklaven der Weissen geworden zu sein. Erst nach und nach erfassten sie es, dass sie frei waren. Mit der Zeit kam es so, dass ein guter Teil der Mannschaft de Brazzas aus freigekauften Sklaven bestand. An gar manchen von ihnen erlebte er aber sehr wenig Freude. Er berichtet darüber in seinen Briefen.

Von dem Augenblicke an, wor er (nach der zweiten Reise von 1880 bis 1882) im Jahre 1883 für eine Reihe von Jahren nicht nur für weitere Forschungsreisen, sondern auch mit dem Auftrag, die Verwaltung zu organisieren, in das Ogowegebiet zurückkehrte, ging er ernstlich gegen die Sklaverei vor. Allen Sklaven, die die Freiheit begehrten, sollte sie von ihren Herren gewährt werden, sei es, um in ihre Heimat zurückzukehren, sei es, um de Brazza zu folgen und von ihm in zu gründenden Ortschaften angesiedelt zu werden.

Auch diesmal war der Erfolg gering. Mit Behagen erzählt der flussaufwärts von Lambarene wohnende Häuptling Apaque seinem Freunde Trader Horn, dass de Brazza kürzlich, als er eine Nacht bei ihm verbrachte, ihn ersucht habe, ihm diejenigen Sklaven, die mit ihm gehen wollten, zu überlassen. Aber obwohl er, Apaque, damit einverstanden gewesen sei und dies den zusammengerufenen Sklaven mitgeteilt habe, sei keiner willens gewesen, ihn zu verlassen.

Dass in der Gegend von Lambarene vielfach ein Druck auf die Sklaven ausgeübt wurde, um sie zum Fortgehen zu bewegen, und dass sie in manchen Fällen ihren Herren einfach weggenommen wurden – wie es mit den 120 Sklaven geschah, die den Erben des Sonnenkönigs von Adolinanongo gehörten –, weiss ich von alten Eingeborenen. Viele von diesen Sklaven verzogen sich in den Wald und stellten sich dann bei ihren Herren wieder ein, als die Frage ihrer Freilassung nicht mehr so aktuell war. Aber auch Freigelassene, die in ihre im Innern gelegene Heimat zurückgekehrt waren, fanden sich nachher wieder ein. Sie fühlten sich bei ihren Herren mehr daheim als bei den Ihren, die sie wiedergesehen hatten. Auch wollten sie die Kultur, mit der sie am unteren Ogowe Bekanntschaft gemacht hatten, nicht missen.

In den nicht unmittelbar am Fluss oder an den grösseren Verkehrswegen gelegenen Gegenden war, den Angaben meiner Gewährsmänner zufolge, die Autorität der Behörden damals noch wenig gefestigt, dass die Freilassung der Sklaven nicht ernstlich betrieben werden konnte.

In dem Masse, wie dann die Verwaltung organisiert wurde, war es ihr möglich, den Ankauf von Sklaven und ihren Transport zu verhindern. Dieser Kampf gegen die Sklaverei war erfolgreich zu führen.

Als ich 1913 ins Land kam, gab es hier noch ziemlich viele Eingeborene, die als Sklaven lebten. Dem Gesetze nach waren sie zwar frei. Aber sie machten von ihrer Freiheit keinen Gebrauch, sondern blieben bei ihren Herren und dienten ihnen ohne Lohn, weil sie dies so gewohnt waren und auch nicht glaubten, sich eine bessere Existenz schaffen zu können. Die Vorstellung des bezahlten Angestellten, den es hier früher nie gegeben hatte, setzte sich bei den Eingeborenen nur langsam durch. Gegen dieses uneingestandene, freiwillige Sklaventum konnte die Verwaltung nichts ausrichten. Sie hatte auch kein Interesse daran. Man kannte diese Fremdlinge an ihren Gesichtszügen und der besonderen Schattierung ihrer Hautfarbe.

Bei jenem meinem ersten Hiersein kam einmal eine Frau, der man die Wohlhabenheit ansah, mit vier noch ziemlich jungen Männern in mein Spital. Sie gab sie als ihre Diener aus. In Wirklichkeit waren es Sklaven. Am anderen Tage traf ich sie dabei, wie sie Holz für ihr Feuer am Waldrande auflas. Auf meine Frage, wie sie dazu komme, sich ihr Holz selber zu beschaffen, wo sie doch vier Sklaven mitgebracht hätte, antwortete sie lächelnd: «Sklaven haben will noch nicht heissen, gut bedient zu sein.»

Als ich einmal einen schon älteren, jovialen Schwarzen als Patienten im Spital hatte, kam ein Eingeborener zu mir und fragte mich, ob ich jenen Mann nicht für mich haben wolle. Er würde mir ihn als Arbeiter überlassen, dass ich ihn nur zu ernähren, nicht zu bezahlen hätte. Auf mein erstauntes Fragen erzählte er mir, er habe diesen Mann als Sklaven von seinem Vater geerbt, und er sei ziemlich anstellig und nicht allzu faul. Aber er vollführe alle möglichen Streiche. Nach dem bei den Eingeborenen geltenden Rechte habe der Herr für alles aufzukommen, was sein Sklave anrichte. So hätte er für ihn schon soundso viele Bussen entrichten müssen. Er habe ihm schon oft die Freiheit angeboten, aber er nehme sie nicht an, weil er dann ja die Strafe für seine Streiche selber zahlen müsse. Darum trüge er ihn jetzt mir an. Ich würde wohl mit ihm fertig werden. Leider musste ich erwidern, dass auch ich nicht reich genug wäre, einen so kostspieligen Sklaven zu haben.

Im Verlaufe der Zeit sind dann die ehemaligen Sklaven durch Heirat und Adoption ganz in der hiesigen

Bevölkerung aufgegangen. Ich habe Dorfhäuptlinge gekannt, die Abkömmlinge von Sklaven oder gar selber ehemalige Sklaven waren.

Die Vorstellung des bezahlten Arbeiters ist nunmehr ins Volk gedrungen. Trotzdem gibt es noch manche Schwarze, die nicht auf Lohn ausgehen, sondern sich dazu hergeben, für einen Herrn, den sie sich erwählen, gegen Kleidung, Unterkunft und reichliche Nahrung Arbeit auf einer Pflanzung zu tun, in der Erwartung, von ihm einmal eine Frau gekauft zu bekommen. Solche Stillen im Lande findet man auf abgelegenen Pflanzungen. Beide Parteien bestehen gleich gut dabei.

Vier Jahrzehnte lang, während sich im Lande so vieles ereignete und veränderte, blieb Adolinanongo verlassen. Wald und Busch ergriffen wieder von dem Boden Besitz.

Im Jahre 1923 liess sich dann ein weisser Holzhändler auf dem flussabwärts gelegenen Teil der Anhöhe nieder. Ende 1925 fing ich an, auf dem südlichen zu roden. Auf der protestantischen Missionsstation, auf der mein Spital bisher stand, war der Platz, den man ihm zur Verfügung stellen konnte, nicht gross genug, um ihm zu erlauben, sich der stetig zunehmenden Zahl der Kranken entsprechend auszudehnen. In der Zeit, in der Trader Horn in Johannesburg seine Erinnerungen niederschrieb, erstand dann in Adolinanongo Bau um Bau. Im Januar 1927 war das neue Spital soweit fertig, dass es bezogen werden konnte.

Gute schwarze Erde, wie ich sie für den Garten brauchte, boten in Fülle die Stellen am Rande des ehemaligen Dorfes, wo durch Jahrzehnte hindurch die Frauen von Adolinanongo die Abfälle hingeworfen hatten. Beim Graben fanden wir schwere Armbänder und Fussringe aus Bronze.

Das 1927 in Betrieb genommene Dorf ist noch immer ein wesentlicher Bestandteil des Spitals.

Wenn ein Flussdampfer auf unser Ufer zuhält und durch die Sirene seine Absicht anzulegen kundtut, muss ich so manchmal an den jungen Trader Horn denken, der bei der Heimkehr von einer Fahrt den «Pionier» auf diese Anhöhe zusteuerte und vor mir in Adolinanongo heimisch war. Kehrte er wieder, so würde er die Natur unverändert wiederfinden. Noch immer schlafen Krokodile mit aufgesperrter Schnauze auf den Sandbänken und auf den Baumstümpfen am Ufer. Noch immer halten sich in der trockenen Jahreszeit Nilpferde in den Wassern von Adolinanongo auf. Noch immer ziehen Pelikane ihre Kreise in den Lüften. Noch immer bedeckt leuchtend grüner, undurchdringlicher Wald die Inseln und die Ufer und spiegelt sich in der braunen Flut...

Pelikan

GESCHICHTEN AUS DER ALTEN ZEIT

Auf einer seiner Reisen schickte de Brazza vom Oberlauf des Ogowe aus eine seiner aus Leuten aus dem Innern bestehenden Rudermannschaften nach N'Djole hinunter, um von dort Waren heraufzubringen. Zugleich benutzte er die Gelegenheit, sie dort mit Waren entlöhnen zu lassen. Vor ihren Augen schrieb er den Brief an den Agenten und teilte ihnen mit, dass dieser ihnen so und so viele Gewehre, so und so viel Fässchen Pulver, so und so viel Äxte, so und so viel Buschmesser, so und so viel Säckchen Salz, so und so viel Yards Baumwollstoff aushändigen würde. «Wird er dies auch wirklich tun?» fragten sie etwas ungläubig. «Er wird es tun, sobald er das Papier von euch erhalten hat», antwortete de Brazza.

So geschah es auch. Als der Weisse in der Faktorei von N'Djole das Papier von ihnen erhielt, schaute er einige Zeit darauf. Dann, ohne irgend welche Fragen an sie zu stellen, liess er durch seine Gehilfen so und so viele Gewehre, so und so viele Fässchen Pulver, so und so viele Äxte, so und so viele Buschmesser, so und so viele Säckchen Salz und so und so viele Yards Baumwollstoff bringen. Es war genau das, was sie zu beanspruchen hatten.

Einige Zeit nachher liess ein Häuptling aus dem Innern den Missionaren zu Lambarene Botschaft zukommen, sie möchten doch einen Katechisten hinaufsenden. Er und sein Volk wollten das Wort Gottes hören und lesen und schreiben lernen. Der Katechist kam. Er fing an, sie in der biblischen Geschichte zu unterweisen, ihnen B-A = Ba beizubringen und sie auf der Schiefertafel Buchstaben malen zu lassen. Bald aber erlahmte der Eifer der Wilden. «Das ist nicht das Rechte», sagten sie zu ihm. «Du sollst uns nicht auf der Schiefertafel herumkritzeln lassen, sondern nur lehren, wie man ein Papier schreibt, dass der Mann aus der Faktorei in N'Djole uns Waren geben muss.» Sie sahen Schreiben als einen Zauber an. –

Bei ihrer ersten grossen Erkundungsfahrt in die Gegenden nach dem Kongo zu hatten die protestantischen Missionare zwei Boys aus der Umgebung von Lambarene bei sich, die auf der Missionsstation lesen und schreiben gelernt hatten.

Als man einmal gegen Abend auf einer Sandbank die Zelte aufschlug, schickten sie einen der Boys an das Ende der Sandbank ausser Hörweite und erklärten den

Der Zauber der Buchstaben.

Wilden aus dem Innern, die sie als Ruderer geworben hatten, dass dieser, wenn man ihn zurückriefe, sagen könne, was man gesprochen hätte, ohne es gehört zu haben. Ehe man ihn rief, schrieb der andere Boy in den Sand. Als jener nun zurückkam und nach einem Blick auf die Zeilen im Sand richtig angab, worüber in seiner Abwesenheit geredet worden war, kannte das Erstaunen der Wilden keine Grenzen. Immer von neuem musste das Experiment wiederholt werden. Kam man in ein Dorf, so erzählten die Ruderer den Bewohnern davon, worauf diese den Zauber auch vorgeführt haben wollten.

Auf jener Wanderung hatten die Boys eine Ziehharmonika bei sich. Für diese wurden ihnen von den Eingeborenen vier Elefantenzähne angeboten, von denen jeder Manneshöhe besass.

Im Gebiete der N'Gunje wirkte in jener ersten Zeit ein schwarzer, schon etwas bejahrter Katechist[1]. Er hatte es nicht leicht. Die Herzen waren verstockt. Besonders nahe ging ihm, dass junge Leute, wenn er Geschichten aus der Bibel erzählte, dazwischenwarfen, dass niemand wisse, ob das wahr sei, weil niemand dabeigewesen sei.

Da kam eines Tages der Missionar den Fluss herauf und brachte eine Laterna Magica[2] mit. Als es dunkel geworden war, zogen Abraham, Isaak und Jakob, David, Goliath und Salomo, Jesus und seine Jünger in farbigen Bildern auf der an einer Hütte befestigten Leinwand vorüber. In der andachtsvollen Stille erhob sich plötzlich die Stimme des Evangelisten. «Da habt ihr liederlichen jungen Leute immer gesagt: das, was der Alte

---

[1] Religionslehrer

[2] Frühester einfacher Projektionsapparat

da erzählt, ist alles nicht wahr. Jetzt aber seht ihr es mit eigenen Augen. Wer wagt da noch zu sagen, es sei nicht wahr?» Für den braven Alten hielten die Bilder der Laterna Magica das Vergangene, so wie es sich in Wirklichkeit ereignet hatte, fest.

In der ersten Zeit meines Hierseins wurde auf der Missionsstation Lambarene den Gläubigen, die zur Feier der Karwoche gekommen waren, die Leidensgeschichte mit der Laterna Magica vorgeführt. Als Judas inmitten der Jünger zum erstenmal auf der Leinwand erschien, erschollen Rufe aus dem Hintergrunde: «Gib acht, er will dich verraten.» Als er in Gethsemane den Herrn küsste, konnten sich die Zuschauer nicht mehr beherrschen. Sie sprangen auf, ballten die Fäuste und schrien Schimpfworte und Drohungen durcheinander. Ehe er die Vorführung fortsetzen konnte, musste der Missionar sie erst beruhigen.

Es hat mir damals einen tiefen Eindruck gemacht, dass für die Eingeborenen die absolute Identität zwischen Bild und Wirklichkeit selbstverständlich war. Wir lächeln über ihre Naivität. Ist es aber nicht, wenn man es bedenkt, etwas Unerhörtes und Gefährliches, dass die Menschen es dahin gebracht haben, mit der Wirklichkeit zu spielen und etwas Erdachtes und Gemachtes mit ihr in Wettbewerb treten zu lassen? Ist nicht damit eine Schädigung unseres Empfindens für das Wahre einhergegangen? Ist nicht so manches Bedenkliche in der Mentalität des modernen Menschen daraus zu erklären, dass er die wirkliche und die gemachte Wirklichkeit nicht mehr auseinanderhält?

Von dem Augenblicke an, wo der Mensch über die Naivität hinauskam, dass alles Bild Wiedergabe von Wirklichkeit sein müsse, befindet er sich auf der Bahn eines Gefahren in sich bergenden Fortschritts. Er kann sie ohne Schaden nur begehen, wenn er sich an Stelle der unwiederbringlich verlorenen Einfalt die höhere, geistige erwirbt. Alle wahre Kultur besteht darin, dass wir tiefste Einfalt, die die höchste Weisheit ist, erlangen. –

Ebenfalls im Gebiete der N'Gunje gedachte in jenen früheren Zeiten ein weisser Händler durch Vorführung eines Grammophons auf die Schwarzen Eindruck zu machen. Es kam aber anders, als er es sich vorgestellt hatte. Kaum hörten die Leute die Stimmen aus dem Kasten heraus, gerieten sie in furchtbare Aufregung, zerschlugen den Kasten und gingen auf den Mann los, der sein Heil in schleuniger Flucht suchen musste. Sie glaubten, die Stimmen der Geister ihrer Ahnen zu vernehmen, die der Weisse durch einen Zauber in dem Kasten gefangenhielte.

Im Laufe der Zeiten haben sie sich aber mit dem Grammophon befreundet. Es gibt hier in der Umgebung kaum ein Dorf, aus dem nicht ein Grammophon in den Wald hineinkreischt.

Wie es möglich ist, dass aus dem Kasten Rede und Musik herauskommen, darüber machen sich die Schwarzen keine Gedanken. Dies gehört für sie zu den vielen unbegreiflichen Dingen, die der Weisse fertigbringt. «Der Weisse ist halt schlau», pflegte mein Heilgehilfe Joseph im Hinblick auf Maschinen und dergleichen zu sagen.

Grosses Erstaunen erregte es bei den Wilden in jener ersten Zeit, dass Weisse kamen, die Steine auflasen und mitnahmen. Am Oberlauf des Ogowe musste ein solcher Weisser die Gegend verlassen, weil die Leute sich weigerten, ihm und seinen Trägern Nahrungsmittel zu liefern. Sie glaubten, er wäre von einem bösen Geist besessen, der ihn irrsinnig mache, und ruhten nicht, bis sie das unheimliche Geschöpf los waren.

Schlimm spielten einem Geologen, der südlich von Lambarene im Gebirge arbeitete, seine Träger mit. Sie sahen wirklich nicht ein, warum sie die Steine, die er in Kisten packte, bergauf und bergab in der Hitze ans Meer tragen sollten, als ob es da unten nicht auch welche gäbe. Also öffneten sie die Kisten in der Nacht, leerten sie und schritten hinfort unter der leicht gewordenen Last munter dahin. Vor der Ankunft am Meer füllten sie sie wieder mit Steinen, die am Wege lagen... Solche Überraschungen sollen den Geologen in Afrika mehr als einmal und an mehr als einem Orte von ihren Trägern bereitet worden sein, ehe sie die nötigen Vorkehrungen trafen, um ihnen vorzubeugen.

Überhaupt: Träger und Ruderer und ihre Schliche! Folgende Geschichte habe ich von einem Weissen, der vor vielen Jahren als Agent einer Handelsgesellschaft am Oberlauf des Ogowe eine Faktorei verwaltete, die gerade oberhalb einer Reihe von Stromschnellen gelegen war. Immer wieder kam es vor, dass Kanus, die mit Waren heraufkamen, vor seinen Augen in den Strudeln kenterten. Wenn dann die Schwarzen, die bei dem Unfall nur das nackte Leben gerettet hatten, vor ihm erschienen und über ihre dabei verlorenen Matten, Decken, Moskitonetze und Kochtöpfe jammerten, ersetzte er ihnen den Schaden, froh, dass kein Menschenleben zu beklagen war.

Dies tat er aber nur einige Zeit lang. Das Missgeschick widerfuhr den Ruderern so häufig, dass er von der Leitung einen Verweis erhielt, weil er in der Rekrutierung der Mannschaft offenbar keine glückliche Hand hätte.

Aber darüber, dass die Kanus kenterten und dass das Unglück nicht veranstaltet sein konnte, um das Fehlen von unterwegs entwendeten Kisten zu verdecken, konnte kein Zweifel bestehen. Von seiner Faktorei sah er die Ruderer mit den Wellen kämpfen, und mit dem Feldstecher konnte er feststellen, wieviele Kisten die Kanus enthielten. Ihre Zahl stimmte immer mit der Angabe überein, die er von der flussabwärts gelegenen Faktorei über die betreffende Sendung erhielt.

Nach einiger Zeit kam ihm zu Ohren, dass in einigen Dörfern flussabwärts viele Frauen in neuen Tüchern gingen, neue Kochtöpfe und Buschmesser besässen und sich sehr reichlich Pomade in die Haare strichen. Dies gab ihm zu denken, weil die Dörfer, die die Ware nur von ihm beziehen konnten, in der letzten Zeit fast gar nichts eingekauft hatten. Zu denken gab ihm auch, dass immer alle Kisten versanken, wo doch solche darunter waren, die ihrem Inhalte nach dies nicht hätten zu tun brauchen. Also stellte er durch Aussicht auf schöne Belohnung angespornte Aufpasser an, um herauszubekommen, ob zwischen dieser unerklärlichen Wohlhabenheit und dem Kentern der Kanus ein Zusammenhang bestünde.

Er bestand. In der Gegend jener Dörfer nahmen die Ruderer von Zeit zu Zeit in der Nacht die Waren aus den Kisten eines Kanus heraus und taten Steine an ihre Stelle. So kam es, dass in dem Boote, das nachher kenterte, wozu in den Strudeln einige falsche Bewegungen genügten, vorher die richtige Anzahl von Kisten zu sehen war.

Als die Rudermannschaften streng bestraft worden waren und ihnen hinfort von der Faktorei alle durch Kentern von Kanus entstandenen Verluste am Lohn abgezogen wurden, müss es ihnen gelungen sein, in den Besitz von kräftigen Fetischen zu gelangen. Sämtliche Kanus kamen von da an heil durch die Stromschnellen.

WAS BEI DEN WEISSEN ANDERS IST ALS BEI DEN SCHWARZEN

Wenn ich auf einer Bootsfahrt mit den Schwarzen ins Gespräch komme, und sie von mir verlangen, dass ich ihnen erzähle, was alles bei den Weissen anders ist als hier, pflege ich mit ihnen über die drei in dieser Hinsicht merkwürdigsten Dinge zu reden. Die im Spital angestellten Schwarzen waren alle schon ein oder das andere Mal dabei, wenn ich mich darüber erging. Aber sie wollen das ihnen bereits Bekannte immer aufs neue hören, um wiederum darüber zu erstaunen und wiederum ihre Bemerkungen dazu zu machen.

Als erstes führe ich an, dass es in Europa Waldbrände gibt. Dies können sie sich nicht vorstellen. Hier ist es auch in der trockenen Jahreszeit so feucht, dass der Wald nie und nimmer, auch wenn man alles täte, um ihn anzuzünden, in Feuer geraten kann. Es gelingt den Eingeborenen nicht einmal, die Bäume, die sie im Verlaufe der trockenen Jahreszeit umhauen, um Land für Pflanzungen zu roden, und die sie, damit das Holz trocknet, monatelang liegen lassen, zu verbrennen. Nur die kleineren und mittleren Äste werden von den Flammen verzehrt. Die grossen, und gar die mächtigen Stämme, werden nur angekohlt und liegen dann in der Pflanzung umher.

In den hiesigen Sägereien rauchen der Besitzer und die Angestellten um die Wette und klopfen die brennende Pfeife in das Sägemehl aus. Dieses ist so feucht, dass von einer Brandgefahr keine Rede sein kann. Wie soll man sich da vorstellen, dass in Europa Feuer im Walde ausbricht, wenn Leute ein brennendes Streichholz fallen lassen?

Endlich sind alle Bemerkungen über diese merkwürdige Tatsache ausgetauscht worden. Nun berichte ich weiter, dass in Europa Leute zu ihrem Vergnügen rudern. Darauf erfolgt zunächst unbändiges Gelächter. Nachher geht es mit Fragen los. «Wer befiehlt ihnen zu rudern?» «Niemand.» «Es muss ihnen aber jemand ein Geschenk geben, dass sie es tun.» «Nein, sie tun es ganz freiwillig und umsonst, und oft rudern sie, bis sie ganz erschöpft sind.»

Die Bemerkungen über diesen zweiten Fall wollen kein Ende nehmen. Auch hier kommt es wohl vor, dass die Mannschaften zweier Kanus, die zusammen den Fluss hinauf und hinunter fahren, eine Strecke weit miteinander um die Wette rudern. Dass aber Leute sich in ein Boot begeben, ohne eine Reise vorzuhaben und ohne Waren befördern zu müssen, rein nur um zu rudern, und dass sie ihre freie Zeit damit verbringen, sich im Rudern zu üben, bleibt unseren Schwarzen doch unbegreiflich. Ihnen klarzumachen, was Sport ist, versuche ich nicht. Die Verhältnisse, in denen sie leben, bringen es vielfach mit sich, dass sie, mehr als ihnen lieb ist, ihre Körperkräfte üben und sich Bewegung zu geben haben, dass sie gar nicht verstehen, wie Leute dazu kommen können, solches ohne Nötigung zu betreiben.

Als drittes kommt dann, dass ein Mann in Europa heiraten kann, ohne die Frau bezahlen zu müssen. Dies könne nicht wahr sein, der Doktor mache sich ein Vergnügen, die armen Schwarzen zum besten zu halten, tönt es mir dann entgegen.

Frauen sind hier ein Wertobjekt. Vom Augenblick der Geburt eines Mädchens an stellen die Angehörigen das Kapital, das es bedeutet, in Rechnung. Von Jugend auf ist diese Betrachtungsweise dem Schwarzen geläufig. Als eine weisse Dame in meinem Spital Zwillingstöchter gebar und die Kinderchen dem Boy gezeigt wurden, wusste dieser dem Vater nichts anderes zu sagen als: «Jetzt bist du aber reich.»

Das ganze Leben des Schwarzen ist durch die mit der Verheiratung verbundene Geldangelegenheit beherrscht. Um sich die Mittel zum Kaufe einer Frau zu erwerben, sucht er vom sechzehnten Jahre an eine Verdienstmöglichkeit. Oft muss er sich zu diesem Zweck entschliessen, sein Dorf zu verlassen und irgendwo bei

einem Weissen eine Stellung anzunehmen. Was er auf diese Weise in drei bis vier Jahren zusammenbringt, reicht zur Bezahlung der Frau bei weitem nicht hin. Der verlangte Preis ist gewöhnlich so hoch, dass er das, was ein Eingeborener in zehnjähriger Arbeit beiseite legen kann, übersteigt. Also heiratet er, indem er die Frau auf Abzahlung kauft. Sein Vater oder, wenn dieser nicht mehr am Leben ist, ein älterer Bruder, müssen ihm für die erste Anzahlung, die er zu machen hat, behilflich sein und die Garantie für die Ratenzahlung übernehmen.

Um ihrem Sohne eine Frau zu sichern, fangen die Eltern an, auf Mädchen, die kaum einige Jahre alt sind, Anzahlungen zu leisten. Gerade während ich dies schreibe, kommt ein bei mir neu eingestellter Heilgehilfe zu mir und bittet mich um einen grossen Vorschuss zwecks Kaufes einer Frau. Bei der sich entspinnenden Unterhaltung ergibt sich, dass das Mädchen neun Jahre alt ist! Schon früher hat er eine Summe für es entrichtet. Kann er in den Anzahlungen nicht fortfahren, so wird es einem andern zugesprochen. Er selber wird dann alle Mühe haben, das bereits gezahlte Geld, oder wenigstens einen Teil desselben, zurückzuerhalten.

Das Missliche ist, dass der Mann bei der Heirat gewöhnlich nicht erreichen kann, dass der Gesamtpreis endgültig festgelegt wird, und auch nicht, dass er etwas Bestimmtes über die Höhe der Raten und die Termine, an denen sie fällig sind, erfährt. Nun beginnt von seiten der Familie der Frau eine durch viele Jahre hindurch geübte Erpressung. Der Vater der jungen Frau und seine Angehörigen haben in dieser Angelegenheit nicht das meiste zu sagen. Die Frau gehört ihrer Mutter und deren Brüdern. Diese erhalten den grössten Teil des Geldes.

Während das Paar in bestem Einvernehmen lebt, kommt auf einmal Botschaft von der Familie, dass der Mann mit der Zahlung im Rückstande sei und bis zu einem bestimmten Tage so und so viel zu erlegen habe, widrigenfalls ihm die Frau weggenommen würde. Nun läuft er bei allen Freunden und Bekannten herum, um sich das nötige Geld zusammenzuborgen. Steht er bei einem Weissen im Dienst, so geht er mit Gejammer diesen um einen Vorschuss an, der gewöhnlich seinem Lohn von mehreren Monaten gleichkommt. Ist der Weisse ein Neuling, so lässt er sich erweichen und gewährt ihm die Bitte, sehr oft mit dem Erfolge, dass der Schwarze dann den Dienst verlässt, um den Vorschuss nicht abverdienen zu müssen. Wenn einer meiner Heilgehilfen tagelang verdrossen herumläuft und den Kopf nicht bei der Sache hat, weiss ich, dass er wegen eines Vorschusses, den er zum Behalten der Frau nötig hat, zu mir kommen wird.

Gelingt es dem Manne, die verlangte Zahlung zu leisten, so hat er für einige Zeit Ruhe. Brachte er das Geld nicht auf, so wird ihm die Frau genommen, bis er es zusammen hat. Dies spielt sich in der Regel so ab, dass ihm die Frau von Unbekannt gestohlen wird. Sie ging an den Fluss zum Wasserholen und kehrte nicht mehr zurück. Leute, die sie dort erwarteten, nahmen sie in ihr Kanu und fuhren mit ihr davon.

Wie regte ich mich auf, als mir in meiner ersten Zeit eines Morgens beim Betreten des Spitals gemeldet wurde, in der Nacht sei einem Manne die Frau gestohlen worden! Ich stellte eine gründliche Untersuchung an, vernahm den Mann, forschte nach Zeugen und suchte zu erfahren, wer als Täter in Betracht kommen könne, aus welchem Grunde er die Frau entführt und wohin er sie wohl gebracht habe. Dabei kam es mir aber vor, dass die Leute den Fall weniger tragisch nahmen als ich und sich über das Schicksal der armen gestohlenen Frau keine allzu grossen Sorgen machten.

Seither sind in meinem Spital viele Frauen gestohlen worden. Aber ich stelle keine Untersuchungen mehr darüber an, sondern begnüge mich, dem Manne mein freundliches Bedauern auszusprechen, dass er sich nun bemühen müsse, Geld zusammenzubringen.

Die Wahrheit verlangt, dass ich hier bemerke, dass, wenn die Familie der Frau nicht auf diese Weise vorginge, sie in der Mehrzahl der Fälle nicht zu ihrem Gelde käme.

Einer der Spitaltagelöhner, ein lieber Mensch, kam eines Tages weinend zu mir und teilte mir mit, es seien böse Leute gekommen, die ihm die Frau weggenommen hätten. Im Begriffe, mich mit ihm zu entrüsten, tat ich doch die Frage, wie weit die Bezahlung der Frau gediehen sei. Da stellte sich heraus, dass er nach der ersten Anzahlung mit ihr von weit her heimlich nach Lambarene verzog und fünf Jahre lang nichts mehr von sich hören liess. Aber seine Entrüstung, dass die Verwandten nun seine Spur entdeckt und ihn auf die gewohnte Art zur Entrichtung der fälligen Raten zu zwingen unternahmen, war durchaus ehrlich.

Kommt ihm seine Frau abhanden, so weiss der Mann ohne weiteres, wo er sie zu suchen hat. Über kurz oder lang verlässt er seine Arbeit und tritt mit dem nötigen Gelde die Wanderung in das Dorf seiner Frau an. Nach einiger Zeit kehrt er mit ihr heim, um an ihrer Seite, bis die nächste Zahlung verlangt wird, ein glückliches Leben zu führen.

Sind Kinder vorhanden, so werden diese mit der Frau entführt. Die Kinder gehören nach dem bei den Primitiven geltenden Rechte ja nicht dem Vater, sondern der Mutter und ihren Brüdern und Oheimen.

Eine schöne Frauenraubgeschichte erlebte ich einmal mit einem kleinen Häuptling, der wegen einer Verletzung in meinem Spital lag. Als die Frau verschwunden war, wollte er mich haftbar machen, weil die Sache auf meinem Grund und Boden geschehen sei. Er verlangte eine dem Werte der Frau entsprechende Entschädigung. Zuerst nahm ich seine Forderung nicht ernst. Aber nachher war es mir doch etwas ungemütlich, als er mir mehrmals am Tage in den Weg trat und immer trotziger Entschädigung verlangte. Mir den Hass eines Wilden, wie er einer war, zuzuziehen, behagte mir nicht.

Eines Morgens aber kam er strahlend auf mich zu. Die Sache sei erledigt. Er habe seine Frau wieder. Die Anverwandten, die die Frau gestohlen hatten, waren mit ihr flussaufwärts gefahren und hatten am dritten oder vierten Tage in einem Dorfe übernachtet, in dem Freunde von ihm wohnten. Diese kamen alsbald über den Fall ins klare, stahlen ihrerseit die Frau, fuhren mit ihr den Fluss herunter und warfen sie, wie ein wohlverschnürtes Paket gebunden, am frühen Morgen auf das Ufer des Spitals, wo sie dann der Mann in Empfang nahm. Nachdem er ihre Fesseln gelöst hatte, lebten sie miteinander, als wäre nichts vorgefallen.

Wenn die Familie der Frau die Weisung zukommen lässt, dass sie zu ihr zurückzukehren habe, weil eine fällige Rate des Kaufpreises nicht bezahlt sei, fügt sie sich ohne weiteres, auch wenn sie ihren Mann liebt und es ihr schwerfällt, ihn zu verlassen. Sie wehrt sich nicht gegen das Entführtwerden. Die Rechte, die ihre Familie auf sie hat, gelten ihr als etwas Selbstverständliches.

Auch wenn der Kaufpreis voll bezahlt ist, hat die Familie noch das Recht, die Frau, wenn sie von ihrem Manne schlecht behandelt wird, bei sich aufzunehmen und sie so lange zu behalten, bis der Mann vor den Oheimen und Brüdern der Frau zur Verantwortung erschienen ist und die ihm auferlegte Busse bezahlt hat.

Obwohl die Frau bei den Primitiven an den Mann verkauft wird, sind ihre Rechte ihm gegenüber also besser gewahrt als in der Gesetzgebung der Kulturvölker. Sie hört niemals auf, dem Schutze ihrer Familie zu unterstehen.

Die Ehescheidung ist möglich, aber für die Frau dadurch erschwert, dass ihre Familie in diesem Falle dem Manne das ganze Geld, das er im Laufe der Jahre

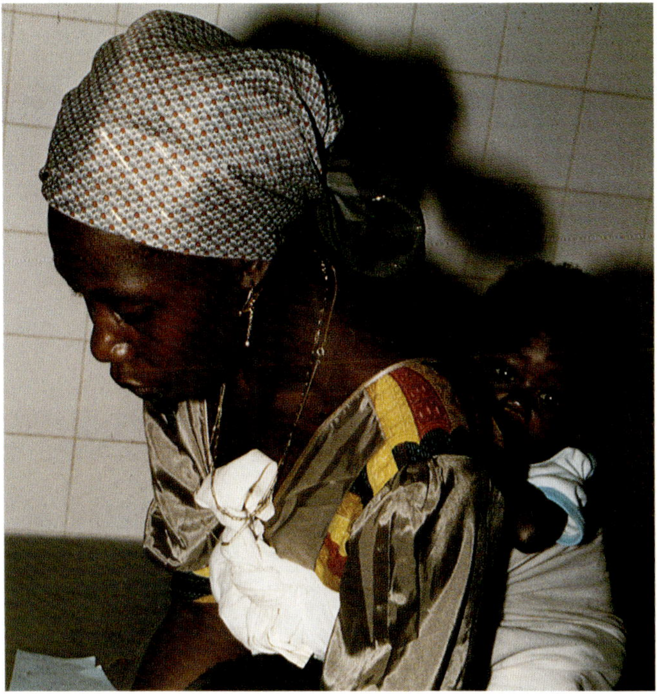

für sie erlegt hat, zurückerstatten muss. Da die Brüder und Oheime den ihnen zugefallenen Teil schon längst verausgabt haben, hält es in der Regel so schwer, die nötige Summe zusammenzubringen, dass die Scheidung unterbleibt. Ich kenne aber doch Fälle, wo die Angehörigen unter grossen Opfern das Nötige zusammenlegten, um einer Frau, die sich bei ihrem Manne unglücklich fühlte, die Scheidung zu ermöglichen.

Findet sich gleich ein neuer Bewerber für die Frau, so hat dieser den Mann, wenn er in die Scheidung willigt, auszubezahlen. Aber er muss die ganze Summe auf einmal hinlegen, Ratenzahlungen kommen in diesem Falle nicht in Betracht.

Selten verlangt der Mann die Scheidung, da er damit des für die Frau bezahlten Geldes verlustig geht. Auch wenn er nachweisen kann, dass die Schuld auf ihrer Seite liegt und ihm in einem langwierigen Palaver ein Teil des Kaufpreises wieder zugesprochen wird, ist er doch nicht sicher, in dessen Besitz zu kommen. Er hat ja kein Pfand in Händen, durch das er einen Druck auf die Schuldner ausüben kann. Die Aussichten, dass er etwas zurückerhält, sind also gering.

Von dem Rechte, sich jederzeit in ihre Familie zurückzuziehen, machen die Frauen der Eingeborenen einen sehr reichlichen Gebrauch. Den dritten Teil des Jahres, wenn nicht länger, sind meine Heilgehilfen Strohwitwer. Die jüngsten Kinder werden von der Frau mitgenommen, die älteren lässt sie dem Manne.

Wenn die Frau fort ist, müssen meine Heilgehilfen selber kochen, was zur Folge hat, dass sie schlechter Laune sind und ihren Dienst nachlässig tun. Finde ich es unbegreiflich, dass sie sich so etwas gefallen lassen, so zucken sie die Achseln und sagen einfach: «Das ist halt so bei uns.» Sie wissen, dass da keine Auflehnung hilft.

Trotz dieser eigentlich nie ein Ende nehmenden Auseinandersetzungen zwischen dem Manne und der Familie der Frau, wobei die Frau auf seiten der Ihren stehen muss, verlaufen die Ehen hierzulande, soweit ich es zu beurteilen vermag, in der Regel noch ziemlich glücklich.

Dass bei den Weissen einer heiraten können soll, ohne dadurch in die Lage zu kommen, auf lange Jahre hinaus von der Familie der Frau ausgebeutet und tyrannisiert zu werden, ist für meine Schwarzen also das Unglaublichste des Unglaublichen. Dass er unter Umständen noch Geld dafür bekommt, dass er sie nimmt, darf ich gar nicht erwähnen, weil ich damit in den Ruf eines Aufschneiders käme.

TABUS UND ZAUBER

In dem Leben der Primitiven spielen Tabuvorstellungen eine grosse Rolle. Tabu bedeutet, dass dies und jenes zu meiden ist, weil es Unglück und Tod zur Folge hat. Das Aufkommen der Tabuvorstellungen liegt im Dunkel.

Es gibt Tabus, die für alle in gleicher Weise gelten, und solche, die nur für die betreffenden Einzelnen bestehen. Unter den allgemein geltenden Tabus spielen diejenigen, die für den Fall, dass eine Frau ein Kind erwartet, durch ihren Mann zu beobachten sind, eine grosse Rolle. Untersagt ist ihm bei den Pahuins: Fleisch zu geniessen, das schon einen Geruch zu haben beginnt (wo doch die Eingeborenen sonst schon in Verwesung übergehendes Fleisch anstandslos essen), ein Chamäleon zu berühren, ein Loch mit Erde zu füllen, Nägel einzuschlagen, beim Verenden eines Tieres oder dem Sterben eines Menschen zugegen zu sein, etwas mit einem Leichnam zu schaffen zu haben, über einen Zug von Heerameisen hinwegzuschreiten und anderes mehr.

In meiner ersten Zeit hielt ich mich darüber auf, dass bei Begräbnissen im Spital Leute sich absolut weigerten, an der Bahre mitzutragen. Durch Geschenke und auch durch Zwang suchte ich sie dazu zu bringen, mitanzugreifen, wenn sie an der Reihe waren. Es kam dann vor, dass Leute vor mir auf die Knie fielen und mich baten, es ihnen zu erlassen. Seitdem ich verstanden habe, in welche Seelenkonflikte ich sie damit brachte, benutze ich als Leichenträger nur noch Freiwillige, die dafür einen bestimmten Lohn empfangen.

Die besonderen Tabus, die für den oder jenen Menschen gelten sollen, werden jeweilig bei der Geburt des Kindes von dem Vater bekanntgegeben. Nach der Ansicht der Eingeborenen spricht dieser damit nicht etwas aus, das er selber dem Kinde auferlegt, sondern teilt nur auf Grund einer ihm gewordenen Offenbarung der Geister der Ahnen mit, was es meiden muss, um vor Unglück und vorzeitigem Tode bewahrt zu bleiben.

Das Kind erfährt die für es geltenden Tabus, wenn es soweit erwachsen ist, dass es die fünf Finger seiner Hand zählen kann. Diejenigen, die es in diesem Alter noch nicht verstehen kann, werden ihm eröffnet, wenn es die erforderliche Einsicht erlangt hat.

Es gibt nichts im Leben eines Menschen, das nicht Gegenstand eines Tabus werden könnte.

In der Gegend von Samkita lebte eine Frau, die als Tabu hatte, dass sie keinen Besen anrühren dürfe, sondern ihre Hände als solchen benützen müsse.

Ein Knabe hatte als Tabu, dass er keinen Schlag auf die rechte Schulter bekommen dürfe. Als ihm einmal ein Weisser einen gelinden Puff versetzte, weil er bei der Arbeit nachlässig war, geschah es zu seinem Erstaunen, dass der Knabe ihm dafür dankte. Als er sich nach dem Grunde dieses merkwürdigen Verhaltens erkundigte, antwortete ihm der Knabe: «Ich danke dir, dass du mich auf die linke Schulter gestossen hast. Was wäre geschehen, wenn du es auf die rechte getan hättest!»

Im Spital hatten wir einmal einen Mann, der als Tabu hatte, dass er keinen Schlag auf den Kopf erhalten dürfe. Kam man aus Versehen mit der Hand an seinen Kopf, fiel er, wie wir es selbst feststellen konnten, in Ohnmacht.

Eine tragische Tabugeschichte ereignete sich während meines ersten Hierseins in Samkita. Ein Knabe, der dort auf der Missionsschule war, hatte als Tabu, dass er keine Bananen essen dürfe. Er musste sich sogar davor hüten, Speise zu geniessen, die in einem Kochtopfe, in dem sich gerade vorher Bananen befunden hatten, bereitet worden war. Eines Tages teilten ihm seine Kameraden mit, dass er Fisch aus einem Kochtopf, in dem noch Bananenreste lagen, gegessen habe. Alsbald wand er sich in Krämpfen und starb nach wenigen Stunden. Ein Missionar, der dabei gewesen war, gab mir eine Schilderung des rätselhaften Vorganges.

Auch noch von anderen Tabufällen, die mit dem Tode des Tabuträgers endeten, habe ich in zuverlässigen Berichten Kunde erhalten.

Es gibt Frauen, die als Tabu haben, dass, wenn ihr erstes Kind ein Knabe ist, sie oder das Kind sterben müssen.

Einmal kam es vor, dass eine dieser Frauen bei der ersten Geburt zwar einem Mädchen das Leben schenkte, dass dieses aber, nach dem Urteil der Frauen der Verwandtschaft, die seinen ersten Schrei hörten, im ersten Augenblick wie ein Knabe geweint hatte. Wie sie zu dieser Unterscheidung in bezug auf den ersten Schrei eines Neugeborenen kamen, konnte ich nicht in Erfahrung bringen. Auf Grund ihres Geredes nahm die Mutter an, dass es bei der Geburt ein Knabe gewesen sei und sich dann erst in ein Mädchen verwandelt habe. Durch kein Zureden war sie von diesem Wahne abzubringen. Da nach ihren Überzeugungen nun also sie oder das Kind sterben musste, erwählte sie den Tod für sich. Von jenem Tage an nahm sie zusehends ab. Als man sie zu uns in Spital brachte, war sie ein Gerippe. Sie starb nach wenigen Tagen. Ihre Krankheit war, soviel wir feststellen konnten, durchaus psychischen Ursprungs.

Dass Eingeborene auf Grund der Verletzung ihres Tabus sterben, ist nur so zu erklären, dass sie, infolge des sie beherrschenden Glaubens an Tabus, in einer uns unvorstellbaren Weise psychisch beeindruckbar sind.

Weisse, die das Vertrauen der Schwarzen geniessen, können in solchen Fällen durch ihre geistige Autorität etwas ausrichten. Herr Lavignotte, der Leiter der Pflanzung der protestantischen Mission in Samkita – der einer der besten Kenner der Vorstellungswelt der Pahuins ist und auf den so manches, was ich hier erzähle, zurückgeht – hat es schon mehrmals unternommen einzugreifen und Erfolg dabei gehabt.

Einer Frau in Samkita, die als Tabu hatte, dass sie nie in den Rücken geschlagen werden dürfe, widerfuhr dies bei einem Streite unter Frauen, bei dem sie zugegen war. Alsbald verfiel sie in furchtbare Krämpfe, bei denen auch die Atmung in Mitleidenschaft gezogen wurde. Herr Lavignotte, der herbeigerufen wurde, fasste ihre Hand und befahl ihr zu atmen, worauf sie dieses, wenn auch mit Mühe, vermochte. Kaum schickte er sich an, sie zu verlassen, war sie wieder dem Ersticken nahe. Als er längere Zeit bei ihr geblieben war, mit ihr gebetet und viel auf sie eingeredet hatte, überwand sie den Wahn, dem sie verfallen gewesen war, worauf die Krämpfe nach und nach aufhörten. In den folgenden Tagen hatte sie noch mehrmals Rückfälle, die das Eingreifen von Herrn Lavignotte nötig machten.

Nach dem, was ich in Erfahrung bringen konnte, verlaufen diese Todesfälle gewöhnlich mit Krämpfen, bei denen die Atmung mitbetroffen wird. Selber hatte ich noch nicht Gelegenheit, einen solchen Fall zu beobachten.

Auch die Frau, die als Tabu hatte, keinen Besen anrühren zu dürfen, und schwer darunter litt, wurde durch Herrn Lavignotte davon befreit.

In einer kleinen Schrift über die Vorstellungswelt der Pahuins erzählt er die Heilung von Nyingone, der Frau, die als Tabu hatte, nie ihr Spiegelbild, weder in Glas, noch in Metall, noch im Wasser, sehen zu dürfen.

Kehrte sie mit einer schweren Last auf dem Rücken aus der Pflanzung heim und musste sie einen Bach auf einem darüberliegenden Baumstamm überschreiten, so durfte sie nicht, wie es doch zum sicheren Schreiten erforderlich war, die Augen auf ihre Füsse gerichtet halten, weil es dabei ja geschehen konnte, dass sie ihr Bild im Bache zu sehen bekam. Widerfuhr ihr dies, so wurde sie ohnmächtig und fiel ins Wasser. Mehrmals hatte man sie vor dem Ertrinken erretten müssen.

Ganz verzweifelt auf Grund dessen, was sie unter diesem Tabu schon gelitten hatte, kam sie zu Herrn Lavignotte. «Dieses Tabu», sagte sie zu ihm, «ist eine furchtbare Macht. Ich kann nicht anders, als sie fürchten. Aber ich weiss auch, dass Gott, den ihr kennt und verkündet, mächtiger ist als der Satan, auf den unser bisheriger Glaube zurückgeht. Darum hoffe ich, mit deinem Beistand mein Tabu loszuwerden. Wenn du mit mir gebetet hast, werde ich ohne Furcht den Spiegel, den ich in der Hand halte, umdrehen und mich in ihm beschauen.»

Nach dem Gebet wagte sie zu tun, wie sie gesagt hatte. Lange blickte sie in das Glas, strahlend vor Glück, dass ihr nichts widerfuhr. Als sie endlich die Augen erhob, sagte sie zu Herrn Lavignotte: «Und dass ich nicht gewusst habe, wie schön ich bin...»

Schwer leiden die Eingeborenen auch unter dem Glauben, dass dem von einem Menschen gegen einen andern ausgesprochenen Fluche Macht innewohne und dass Menschen das Vermögen besässen, Zauber gegen andere zu bereiten.

Insbesondere wird der vom Vater ausgesprochene Fluch als eine wirkende Kraft angesehen. Eine Frau hatte sich geweigert, statt des Mannes, der ihr von Jugend auf bestimmt war, auf Geheiss ihres Vaters einen andern, der viel mehr für sie bot, zu heiraten. Daraufhin tat der Vater, der das Geld zum Bezahlen von Schulden nötig gehabt hätte, den Fluch, dass nach ihrer Ver-

Geisterbeschwörung im Tanz.

heiratung mit dem andern Manne sie oder das von ihr erwartete Kind sterben müsse. Sie gebar ein gesundes Kind. Damit das Kind lebe, beschloss sie, das Sterben auf sich zu nehmen. Wie die Frau, die durch ein Tabu vor diese Alternative gestellt worden war und sich in derselben Weise entschieden hatte, starb sie eines rätselhaften Todes an Entkräftung. Das Kind wurde dann ins Spital gebracht und hier mit der Flasche aufgezogen. Auf diese Weise wurde mir der Fall bekannt.

Dass man auch, ohne es zu wollen, einen Menschen mit einem Fluche belasten könne, erfuhr hier vor Jahren ein Missionar. Er musste, wie schon öfters, einen älteren Schüler der Missionsschule wegen unfreundlichen Benehmens gegen die andern Knaben zur Rede stellen. Im Unmut entfuhren ihm dabei die Worte: «Du wirst immer einen schlechten Charakter haben.»

Nach Jahren kam der ehemalige Zögling zu ihm und klagte ihm, dass der Fluch, den er über ihn ausgesprochen habe, ihn zum unglücklichen Menschen mache. Er habe nicht mehr den Mut und die Kraft, anders werden zu wollen, weil er wohl fühle, dass dies ihm unmöglich gemacht sei. Erstaunt frug der Missionar, wieso er unter einem von ihm ausgegangenen Fluche stünde. Da führte der Eingeborene ihm das Wort von damals an. Als ihm der Missionar erklärte, dass es mit nichten ein Fluch sein sollte, sondern nur eine im Unmut hingeworfene Bemerkung gewesen sei, und dass er ihm im Gegenteil von jeher gewünscht habe, dass er einen anderen Charakter annähme, wurde er ganz froh. Jetzt könne er wirklich ein anderer Mensch werden, sagte er beim Abschied.

Wie dem Fluche eines Menschen, so wohnt, nach dem Glauben der Eingeborenen, auch seinem Segen Kraft inne. So kommt es, dass sie durch die Namengebung ein Kind mit einer Persönlichkeit, von der sie Segen für es erwarten, in Beziehung zu bringen suchen. Diesen Sinn hat es, wenn Kinder nicht etwa nur den Vornamen, sondern den vollen Namen eines bekannten Missionars oder eines beliebten Beamten tragen. Die volle Wirksamkeit entfaltet die durch den Namen gegebene Beziehung, wenn der Betreffende um die Erlaubnis gebeten wurde, dass das Kind nach ihm benannt werde, und diese erteilte. Er selber hat dann dem Kinde seinen Namen und damit seinen Segen verliehen.

Nach einer Geburt im Spital bat mich eine Frau, dass ihr Knabe Doktor Albert heissen dürfe. Der Heilgehilfe Dominik hat zwei seiner Töchter nach zwei Pflegerinnen Fräulein Mathilde und Fräulein Emma, nicht etwa einfach Mathilde und Emma, benannt.

Es kommt auch vor, dass die Namengebung zu dem Zwecke erfolgt, Tabus und Zauber zunichte zu machen. Wenn wir im Spital Mädchen, die einen Knabennamen, und Knaben, die einen Mädchennamen tragen, zu sehen bekommen, so wissen wir, dass dies nicht auf eine Laune zurückgeht, sondern seinen Grund hat. Die Mutter hatte ein Tabu, dass ihr erstes Kind, wenn es ein Knabe wäre, sterben müsse. Darum gab sie ihm, als es ein Knabe war, einen Mächennamen, um das Tabu zu umgehen. Oder es lag ein Fluch auf dem erwarteten Kinde, für den Fall, dass es ein Mädchen wäre. Also gab sie ihm den Knabennamen.

Einer Frau, die ich kenne, waren mehrere Mädchen in ganz jungen Jahren gestorben. Sie schrieb dies einem bösen Geiste zu, der über ihre Familie Macht hätte. Als sie wieder niederkam, rief sie im Moment der Geburt aus: «Welch ein schöner Knabe!» Obwohl das Neugeborene wiederum ein Mädchen war, gab sie ihm einen Knabennamen und tat in allem, als ob es ein Knabe wäre. Sie wollte damit den bösen Geist, der es nach ihrer Meinung auf Mädchen abgesehen hatte, irreführen. Und wirklich blieb dieses Kind gesund und wuchs zu einer stattlichen Jungfrau heran.

Mit einem Mädchennamen, der nichts mit Tabu und Zauber zu tun hat, wurden wir im Jahre 1935 bekannt. Eine Mutter, die mit ihrer kleinen Tochter ankam, gab, als der Arzt beim Ausfüllen der Karte der kleinen Patientin nach deren Namen fragte, die Auskunft, sie heisse Krise. Erstauntes Gesicht des Arztes, nochmaliges Fragen. «Sie heisst Krise», sagte die Mutter, «weil sie geboren wurde, als die Krise anfing. Da haben wir ihr halt diesen Namen gegeben.»

Um in Besitz von Zaubermacht zu gelangen, begibt sich der Eingeborene zu einem grossen Fetischmann. Dieser erteilt ihm die erforderliche Belehrung und lässt ihn eine Stufenfolge von Weihen durchlaufen.

Alle grossen Zauber können nur dadurch zustande kommen, dass ein Menschenleben geopfert wird. Wieviele Menschen sind in diesem Lande früher wohl erschlagen worden, weil Jäger sich einen kräftigen Zauber für die Elefantenjagd verschaffen wollten! In den grossen Fetischen, die ich zu sehen bekam, weil sie von Christen an die Missionare abgeliefert wurden, befand sich immer auch ein Stück aus einer menschlichen Hirnschale.

Nicht selten kam es vor, dass der Fetischmann demjenigen, der sich einen Zauber verschaffen wollte, eröffnete, dass er hierfür einen nahen Verwandten töten müsse. Gewöhnlich fügte er noch hinzu, dass der Betreffende, wenn er den Mord nicht vollbrächte, selber sterben müsse.

Vor Jahren begab sich ein junger Mann in sein Heimatdorf in der Absicht, zur Erlangung eines Zaubers seinen Vater zu töten. Der Vater ahnte, warum er gekommen war. In der Nacht stand er auf und schrie im Dorfe herum: «Es ist jemand unter uns, der mich töten will. Aber hier ist jemand, der stärker ist als er.» Am andern Tage floh der Sohn auf eine Missionsstation. Nicht lange darauf starb er.

Ein anderer Jüngling hatte den Wunsch, Lotse auf einem grossen Flussdampfer zu werden. Als echter Wilder meinte er nicht, dass dazu genüge, zuerst eine Zeit als Matrose abzudienen und nachher ein tüchtiger Lotsengehilfe zu werden. Er glaubte überdies noch eines starken Zaubers zu bedürfen. Für diesen wurde gefordert, dass er seine Mutter töte. Dies brachte er aber nicht über sich. Darauf wurde ihm klar, dass er selber sterben müsse. Tatsächlich siechte er dahin. Vor seinem Tode bekannte er seiner Mutter, was er vorgehabt hatte.

Eine grausige Geschichte von einem Zauberer, der, ohne es zu wollen, sich selber den Tod anzauberte, erfuhr Herr Lavignotte von einem alten Pahuin.

Ein sehr hässlicher und böser Mann konnte keine Frau finden. Seine Oheime und älteren Brüder – der Vater war wohl schon gestorben – kauften ihm keine, weil sie ihn nicht mochten. Ganz verbittert ergab er sich der Zauberei, um seiner Familie zu schaden. Er schreckte auch nicht davor zurück, einige von seinen Angehörigen zu vergiften, wobei er den Verdacht der Tat auf andere zu lenken wusste. So brachte er die ganze Familie ins Unglück, ohne dass man ihm etwas nachweisen konnte, ja ohne dass man sich davon Rechenschaft gab, dass überhaupt etwas von ihm ausging.

Zuletzt schaffte er auch einen seiner Brüder durch Gift aus dem Wege.

Nachdem die Trauerzeit um war, trat die Familie zusammen, um zu entscheiden, wem die Frau des Verstorbenen nun gehören solle. Als dieser die Wahl unter den Brüdern freigestellt wurde, erklärte sie, dass sie den Hässlichen liebe und seine Frau werden wolle. Dieser war darüber ebenso erfreut wie erstaunt. Er hatte nun eine Frau gewonnen, für die er kein Geld zu zahlen hatte, weil sie bereits der Familie gehörte. Sie war ihm sehr ergeben, und er lebte glücklich mit ihr.

Nach einiger Zeit bat sie ihn um die Erlaubnis, einen Bruder, von dessen Erkrankung sie vernommen hätte, in einem entfernten Dorfe besuchen zu dürfen, um ihn zu pflegen. Als sie nach kurzer Zeit wieder zurückkam, sagte sie ihm, sie hätte ihn so lieb, dass sie die Trennung nicht länger ertragen habe. Zugleich bat sie ihn, er möge einen grossen Zauber gegen denjenigen, der an der Krankheit ihres Bruders schuld sei, bereiten. Die Primitiven nehmen ja in vielen Fällen keine natürliche Ursache für Krankheit und Tod an, sonder führen sie auf einen Zauber, der gegen den betreffenden Menschen unternommen wurde, zurück.

Da er nun volles Vertrauen in seine Frau hatte, gestand ihr der Mann, was er bisher geheim gehalten hatte, dass er sich wirklich grosse Zaubermacht erworben habe. Er bat sie, ihm irgendein Teilchen des Körpers des Mannes, den sie als Urheber der Krankheit des Bruders ansah, zu verschaffen. Sie übergab ihm einige Haare als von diesem herrührend.

Um einen mächtigen Zauber gegen einen Menschen zu bereiten, bedarf es nämlich, nach dem Glauben der Primitiven, eines Teilchens seines Körpers, so klein es auch sei. Aus Angst, sich etwa einem Zauberer auszuliefern, lesen die Primitiven beim Schneiden der Haare und der Nägel alles, was abfällt, sorgfältig auf und vernichten es. Dass ein kleines Teilchen des Körpers von einem Zauber betroffen wird, wirkt sich, dem Glauben der Primitiven zufolge, auf den ganzen Menschen aus.

Mit den Haaren, die ihm die Frau gegeben hatte, bereitete der Mann den Zauber. Er verfuhr dabei in der Art, dass er eine unter Zauberriten gemischte Flüssigkeit zugleich mit den Haaren in ein grosses Schneckengehäuse tat und dieses auf ein Feuer stellte. Die Wirksamkeit des Zaubers sollte sich darin kundtun, dass die Flüssigkeit in Wallung geriete und beim Überfliessen das Feuer löschte. Daraufhin sollte, wie dieses Feuer, das Leben jenes Menschen ausgelöscht sein.

Mehrmals misslang die Zeremonie, weil die Schnekkengehäuse unter der Wirkung des Feuers sprangen, ehe die Flüssigkeit in Wallung kam. Der Zauberer war darüber sehr erstaunt und bemerkte zu seiner Frau, dass jener Mann selber grosse Zaubermacht besitzen müsse. Zuletzt, bei der neunten Wiederholung, blieb das Schneckengehäuse heil. Die Flüssigkeit kam zum Sieden und Überlaufen und brachte das Feuer zum Erlöschen. Triumphierend teilte der Zauberer seiner Frau mit, dass es nun um das Leben des Mannes, dem sie den Tod wünsche, geschehen sei. Darauf nahm er Speise und Trank zu sich und legte sich zur Ruhe. Im Laufe der Nacht fühlte er sich plötzlich elend, geriet in grosse Erregung und starb am Tage darauf.

Als die Trauerzeit vorüber war, rief die Frau die Mitglieder der Familie zusammen und sprach mit ihnen: «Ich habe euren Bruder getötet. Er war schuld an dem Tode meines ersten Mannes, den ich so sehr liebte. Ich wusste, dass er ihn durch Gift umgebracht hatte, um Unglück über die Familie zu bringen. Um mich zu rächen, wurde ich die Frau des Mörders, von dem ich ahnte, dass er ein mächtiger Zauberer war. Dass ich seine Gunst und sein Vertrauen erwarb, benutzte ich dazu, ihn sich selber den Todeszauber bereiten zu lassen. Die Haare, die ich ihm gab, waren seine eigenen. So habe ich einen Mann eurer Familie getötet. Ich gehöre einem andern Stamme an und bin ganz in eurer Gewalt. Verfahrt mit mir nach Gutdünken.»

Da antworteten die Leute der Familie: «Du hast einen Mann unseres Blutes getötet. Zugleich hast du die Familie von einem bösen Zauberer befreit. Darum sehen wir dich von jetzt an als zu uns gehörig an. Du bist frei und kannst bei uns wohnen oder, wenn du willst, in deine Heimat zurückkehren.»

Bisher war die Frau nur angeheiratetes Mitglied der Familie gewesen. Sie war nicht frei. Nach dem Tode ihres zweiten Mannes hätten die Leute der Familie sie wieder einem andern zusprechen können. Indem sie darauf verzichteten und die Frau über sich verfügen liessen, erwiesen sie ihr ein grosses Wohlwollen.

Natürlich war der Zauberer nicht an seinem eigenen Fluche, sondern an einem ihm von der Frau nach jener Zeremonie gereichten Gift gestorben. Sie liess ihn aber den Zauber gegen sich selbst bereiten, um sicher zu sein, dass das Gift bei einem solchen über überirdische Kräfte verfügenden Mann seine Wirkung täte. Anders hätte sie den Anschlag auf ihn nicht gewagt.

Die Eingeborenen, die zu uns ins Spital kommen und sich von uns behandeln lassen, bewegen nicht selten Gedanken in sich, von denen wir nichts ahnen. Infolge eines Tabus, eines Fluches oder eines Zaubers befinden sie sich in einer seelischen Not, die uns verborgen bleibt. Was sie hierher führt, war nicht so sehr die Aussicht auf die Pflege, die sie bei uns finden würden, als das Bedürfnis, an einem Orte zu sein, an dem die unheimlichen Mächte, denen sie sich ausgeliefert fühlten, sich nicht auswirken können. Auch die noch völlig in den alten Vorstellungen befangenen Eingeborenen sind überzeugt, dass auf dem Boden der Missionsstation und unseres Spitals Tabus, Flüche und Zauber nichts vermögen.

Wir bedauern nur immer, dass unsere Patienten es so selten über sich bringen, uns in das seelische Elend, in dem sie sich befinden, Einblick nehmen zu lassen. Wie ganz anders könnten wir in so manchen Fällen helfen, wenn sie es täten. Psychotherapie als Ergänzung der rein medizinischen Behandlung ist bei den Wilden manchmal noch viel notwendiger als bei den Weissen.

Wer einmal etwas in die Vorstellungswelt der Primitiven eingedrungen ist und etwas von den Angstzuständen weiss, in denen sich Menschen befinden können, für die es Tabus, unabwendbare Flüche und wirkende Zauber gibt, der ist nicht mehr im Zweifel darüber, dass wir uns zu bemühen haben, sie von diesem Aberglauben zu befreien.

Wie schwer dieser Kampf zu führen ist, weiss jeder, der in ihm steht. Jene Vorstellungen haben so tiefe Wurzeln in der Weltanschauung und der Überlieferung der Primitiven, dass sie nicht leicht zu verdrängen sind.

Dass immer noch einzelne an Verfehlungen gegen ihr Tabu, an einem Fluch, unter dem sie stehen, an einem Zauber, dem sie sich ausgeliefert fühlen, zugrunde gehen, ist in den Augen der Eingeborenen ein Beweis für die Wahrheit ihrer Vorstellungen, der nicht leicht zu entkräften ist. Es ist ihnen ja schwer begreiflich zu machen, dass es sich in diesen Fällen um psychisch bedingte Geschehnisse handelt.

Wenn Eingeborene uns gegenüber in gutem Glauben behaupten, von jenen Vorstellungen freigekommen zu sein, so sind sie durchaus nicht immer auch in Wirklichkeit so weit. In ihrem Unterbewusstsein sind sie noch vorhanden und können bei irgendeinem Anlass wieder aufleben.

In unserem Bemühen um die geistige Befreiung der Eingeborenen befinden wir uns durch den in Europa wieder aufgekommenen Aberglauben in einer tragischen Lage. Durch diesen erfährt der Primitive eine unerwartete Rechtfertigung. Die Schwarzen, die Zeitungen lesen, wissen aus ihnen, dass es auch Weisse gibt, die an übernatürliche Kräfte, die die Menschen sich dienstbar machen können, glauben. Sie verbreiten es hier und stellen uns darüber zur Rede.

Dass in Europa ein leichtfertiges Spiel mit dem Aberglauben getrieben wird, bedeutet eine schwere Gefährdung des geistigen Ansehens der Weissen unter den Farbigen.

Bei meinem ersten Hiersein bestellte ich einem lieben alten Katechisten der protestantischen Mission, der keine Zähne mehr besass, ein Gebiss in Europa nach einem Abdruck, den ich genommen hatte. Der Zahnarzt in Europa, der es verfertigte, hatte die Freundlichkeit, nur das dafür gebrauchte Material zu berechnen. So kam der gute Alte zu einem billigen Gebiss, das ziemlich gut sass. Nach einiger Zeit erschien er aber wieder bei mir und verlangte sein Geld zurück. Er sei mit dem Gebiss nicht zufrieden. Ich sah nach und fand nichts zu beanstanden. Es sass gut. Druckstellen waren nicht vorhanden. Als ich ihn daraufhin etwas erstaunt fragte, worüber er sich denn zu beklagen habe, antwortete er: «Die neuen Zähne sitzen nicht so fest wie die alten.»

Monatelang hat er mich mit der Forderung der Zurückerstattung des Geldes verfolgt.

Ein Mädchen hatte eine bösartige Augengeschwulst, deretwegen das Auge durch Doktor Goldschmid herausgenommen werden musste. Nach einiger Zeit wurde ein Glasauge, das wir aus Europa bestellt hatten, eingesetzt. Es passte gut, und das Kind gewöhnte sich schnell daran. Vater und Mutter, die mit ihm bei uns waren, bekundeten grosse Freude darüber, dass es nicht mehr durch das Fehlen des Auges entstellt war. Auch dass sie nun wieder bei der Verheiratung den vollen Preis fordern konnten, liess sie Dankbarkeit gegen uns empfinden. Als sie im Begriff waren, mit dem Mädchen heimzukehren, nahm die Mutter Doktor Goldschmid beiseite und sagte zu ihm: «Nun aber lass mich noch eins wissen. Wann wird das Kind mit dem neuen Auge sehen?»

Ein weisser Kranker hatte mehrere Wochen bei uns im Spital zugebracht. Als er fort war, stellte man fest, dass in seinem Zimmer das Fieberthermometer fehlte. Wir fragten uns, ob er es aus Versehen mit seinen Sachen mitgenommen oder ob sein Boy es fortgeworfen hätte, damit nicht herauskäme, dass es in seinen Händen in Stücke gegangen sei.

Jeder Weisse bringt nämlich seinen Boy mit ins Spital, der ihm das Zimmer macht und ihn bedient.

Nach drei Wochen traf ich den Weissen drüben in Lambarene. «Ich habe Ihnen etwas zurückzugeben», sagte er und holte aus seinem Blechkoffer das Thermometer heraus. Darauf erzählte er mir, wie es zugegangen war, dass es uns abhanden kam. Am Abend nach der Heimkehr sagte ihm der Boy: «Herr, vergiss nicht, das Medikament unter den Arm zu nehmen, damit du gesund bleibst.» «Was meinst du denn?» «Das Medikament aus Glas, das so glänzt.» «Ach», sagte er, «das Thermometer! Aber wir haben keines hier.» «Doch», sagte der Boy, «wir haben eines», und langte stolz das Thermometer aus einer Schachtel heraus. Aus Fürsorge für seinen Herrn hatte er es heimlich mitgenommen.

Bei einer Frau, die noch eine rechte Wilde war, hatte Fräulein Doktor Anna Schmitz eine Staroperation vorgenommen. Als die Patientin in den folgenden Tagen einiges Brennen in dem Auge verspürte, begab sie sich mehrmals in der Dunkelheit an den Fluss, um es zu benetzen. Zuletzt mussten wir einen Wächter anstellen, um sie daran zu hindern. Trotz dieser unvorschriftsmässigen Waschungen heilte das Auge gut.

Der Tag, an dem der Verband abgenommen und die erste Sehprobe mit der Patientin vorgenommen werden konnte, war gekommen. Die Ärztin fuhr mit der Hand in der Luft herum und fragte, ob sie sähe. Keine Antwort. Auch auf Zählen der vorgehaltenen Finger liess sie sich nicht ein. Was man auch unternahm: es war einfach nichts aus ihr herauszubringen. Als die Ärztin, die doch gemerkt hatte, dass sie etwas sah, sie etwas ratlos und ärgerlich fragte, warum sie denn die verlangten Angaben nicht machte, kam die mürrische Antwort: «Du hast mich operiert. Also musst du wissen, ob ich sehe und wie ich sehe.»

Netter betrug sich ein alter, weit aus dem Innern gekommener Mann, der durch Doktor Bonnema vom Star operiert worden war. Am Abend, bevor er die Heimreise antrat, gab er seiner Freude über das Glück, wieder sehend geworden zu sein, und dem Danke an den Arzt dadurch Ausdruck, dass er feierlich im Spital herumtanzte. Es war ein ganz ergreifendes Schauspiel.

Einmal hatten wir einen Mann namens Ebang Eï im Spital, dessen mächtige Hernie bei einem früheren Operationsversuch als inoperabel angesehen worden war. Nun war er zurückgekommen und quälte uns, dass man die Operation zum zweiten Male versuchen möge, obwohl wir ihm die Gefahr, die dies für ihn bedeuten könnte, eindringlich vorstellten. Er bettelte so lange, bis Fräulein Doktor Schmitz sich zu dem Wagnis bereiterklärte. Glückselig lief er im Spital herum und verkündete in allen Baracken, dass er wieder operiert würde. Am Abend vor dem ersehnten Tage bekränzte er das Lager, auf das er nach der Operation gebracht werden sollte, und streute Blumen darauf. Der Eingriff gelang und hatte guten Erfolg.

Einmal fing Doktor Goldschmid mit einer Frau, die auf dem Operationstisch lag und bei der die Einspritzungen für die Lokalanästhesie eben gemacht worden waren, nach löblicher Chirurgengewohnheit ein freundliches Gespräch an, um sie etwas abzulenken und aufzumuntern. Sie schenkte seinen Fragen und Reden aber keine rechte Aufmerksamkeit. Als er dennoch fortfuhr, fiel sie ihm ins Wort: «Jetzt ist nicht Zeit zum Schwätzen. Du sollst schneiden.» –

Nach einer schweren Operation war man in grosser Sorge um das Ergehen der Patientin. Dreimal in der Nacht schlich sich Doktor Holm, der operiert hatte, an ihr Bett und hob das Moskitonetz in die Höhe, um nach dem Puls zu greifen und auf die Atmung zu horchen. Dreimal erschien, zu demselben Beginnen, die Pflegerin. Als man die Operierte am Morgen teilnahmsvoll nach ihrem Befinden fragte, antwortete sie verdrossen: «Ich hätte die Nacht gut geschlafen, wenn man mich in Ruhe gelassen hätte.»

Mit den Operierten haben wir ständig grosse Sorgen, weil sie sich nicht an das halten, was ihnen anbefohlen wird. Am Tage nach der Operation gehen sie, wenn die Lust sie ankommt, im Fluss baden, unbekümmert darum, dass sie ihren Verband benetzen und beschmutzen. Oder der Mann, der wegen einer Darmnaht, die man bei ihm machen musste, sich vorderhand jeglichen Essens und Trinkens enthalten soll, nimmt am Tage nach der Operation, des Fastens müde, heimlich eine reichliche Mahlzeit ein, die er sich durch seine Frau bereiten liess. Oft auch erliegen die Operierten der Versuchung, mit ihren Fingern unter den Verband zu fahren und die Operationswunde zu befühlen, wodurch diese in Gefahr kommt, infiziert zu werden. Chirurg der Wilden zu sein, ist wirklich keine leichte Sache.

Das Merkwürdige ist, dass diese gefährlichen Torheiten nicht immer die schlimmen Folgen haben, die zu erwarten wären. Sogar Patienten, die am Tage nach der Darmnaht der Versuchung zum Essen und Trinken erlagen, sind in einigen Fällen wider alles Erwarten durchgekommen.

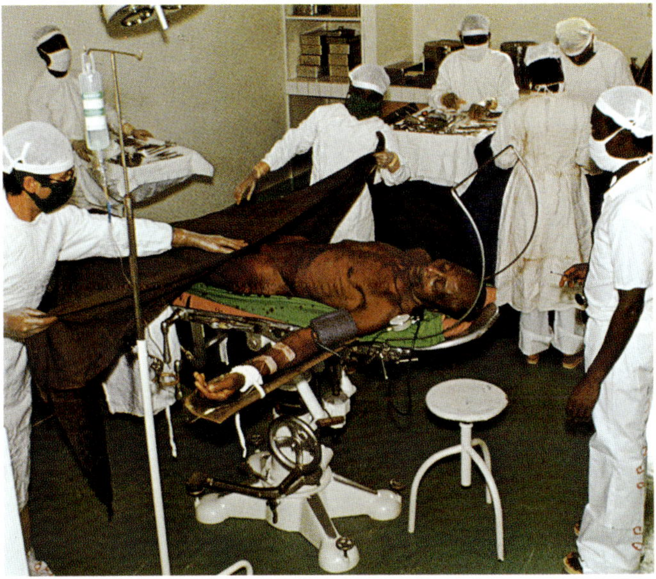

Im Operationssaal des Albert-Schweitzer-Spitals in Lambarene werden durchschnittlich 1500 Operationen im Jahr durchgeführt. Die Zahl der Sprechstunden beträgt 20000.

Jeden Samstagnachmittag findet das grosse Reinemachen inner- und ausserhalb der Baracken statt. Hierzu werden alle Frauen, die sich als Begleiterinnen ihrer kranken Angehörigen im Spital befinden, aufgeboten. Den Befehl über die Truppe hat die jüngste Pflegerin. Als Gehilfe ist ihr Dominik, einer der ältesten schwarzen Heilgehilfen, beigegeben.

Nachdem in den Baracken, um sie herum und in den Strassen des Spitals gesäubert worden ist, werden Gruppen gebildet, die auf dem Gebiet gegen den Fluss zu und den Hügel hinauf alle in das Gras geworfenen Flaschen, Blechbüchsen und Geschirrstücke auflesen. Dies nimmt sich wie eine Vervielfältigung des Bildes der Ährenleserinnen von Millet aus.

Woher die vielen Blechbüchsen?

Vom Spital aus bekommen die Schwarzen leere Milchbüchsen und Petroleum- und Benzingefässe, deren sie sich zum Empfange des Palmöls, zum Kochen und als Trinkgefässe bedienen. Diese Büchsen, wie auch die Flaschen, in denen sie den Reis aufbewahren, werfen sie dann, wenn sie sie nicht mehr brauchen, achtlos ins Gras in der Umgebung des Spitals. In diesen Büchsen und Flaschen sammelt sich dann das Regenwasser an, so dass sie ausgezeichnete Brutplätze für die Moskitos, die die Malaria verbreiten, abgeben. Zur wirksamen Abwehr der Malaria gehört also vor allem der Kampf gegen die in der Umgebung der Häuser umherliegenden Blechbüchsen und Flaschen.

Wie ein Schäferhund umkreist Dominik den weit auseinandergezogenen Frauentrupp, da sonst die Teilnehmerinnen an dem grossen Reinemachen nach und nach in den Baracken und zwischen den Bananenstauden verschwinden würden und die Pflegerin zuletzt allein auf weiter Flur bliebe. Die aufgelesenen Büchsen und Flaschen und der gesammelte Unrat füllen ganze Kisten, die auf Tragbahren zum Fluss geschafft und in Kanus in die grosse Strömung hinausgebracht werden. Gewöhnlich macht erst die Nacht dem grossen Reinemachen ein Ende.

Dass man um die Wohnstätten herum so auf Sauberkeit hält, ist den Wilden etwas ganz Unbegreifliches. Ihnen macht es nichts aus, dass im Laufe der Jahre Hügel von Unrat, alten Blechbüchsen und zerbrochenen Flaschen um ihre Dörfer herum emporwachsen. Dass dies die Hauptursache der Fieber ist, unter denen sie und ihre armen Kinder leiden, ist ihnen schwer klarzumachen.

Ein grosser Teil der Patienten, die zur Operation zu uns kommen, ist von weit her. Manchmal befinden sie sich wochenlang unterwegs und treffen dann halbverhungert und von der langen und beschwerlichen Reise übel mitgenommen bei uns ein. Oft bedürfen sie einer Pflege von mehreren Wochen, bis sie so weit sind, dass man den Eingriff wagen darf.

Es kommt auch vor, dass Leute, bei denen die Operation unmöglich oder aussichtslos ist, die lange Wanderung umsonst unternahmen. Wie schwer ist es, ihnen begreiflich zu machen, dass wir wohl den andern, aber nicht ihnen helfen können! Einmal kam ein Mann, der das Augenlicht verloren hatte, von etwa dreihundertfünfzig Kilometer weit zu uns, weil er von Staroperationen gehört hatte. Seine Verzweiflung, als wir ihm sagen mussten, dass es sich bei ihm nicht um Star handle und dass wir bei ihm nichts unternehmen könnten, hat uns erschüttert.

Die Leute aus dem Innern haben zuerst einen langen Weg durch Steppe und Urwald zurückzulegen, bis sie die Wasserläufe erreichen, auf denen sie im Kanu oder auf einem Schiff zu uns gelangen können. Da sie selber kein Fahrzeug besitzen, sind sie auf eine sich bietende Gelegenheit angewiesen. Unter Umständen müssen sie wochenlang warten, bis sich eine solche findet. Entweder fahren gerade keine Kanus und keine Schiffe, oder sie sind so besetzt, dass kein Platz mehr ist. Wie die armen Fremdlinge es dann fertig bringen, bei diesem Warten nicht zu verhungern, bleibt uns ein Rätsel. Die meisten Weissen haben die Freundlichkeit, die Leute, die sich zu uns ins Spital begeben, in ihren Motorbooten oder auf ihren Dampfschiffen mitfahren zu lassen.

Sind die Fremdlinge operiert und wieder reisefähig, so stellt sich das Problem der Heimkehr. Es gilt nun, eine Fahrgelegenheit zu finden, mit der sie stromaufwärts bis zu dem Ausgangspunkte des von ihnen zu begehenden Weges gelangen können. Damit ja keine Gelegenheit versäumt wird, erkundigen wir uns bei dem Besitzer oder dem Führer jedes bei uns anlegenden Bootes, wohin die Fahrt geht und ob es für die Heimschaffung geheilter Patienten in Betracht kommt. Die Besitzer und die Führer der Boote zeigen natürlich keine grosse Begeisterung, unsere Wilden mitzunehmen und das Boot noch mehr zu belasten, als es gewöhnlich schon ohnehin ist. Wenn wir also nicht die Initiative ergreifen und sie über das Ziel ihrer Reise befragen und unsere Bitte um Mitnahme von geheilten Kranken vorbringen, fahren sie einfach weiter.

Hat sich herausgestellt, dass ein Boot für uns in Betracht kommt, wird eilends ein Heilgehilfe mit einer Schelle, wie sie die Bahnhofspförtner schwingen, durch alle Baracken geschickt und ruft aus: «Fahrgelegenheit in der Richtung so und so. Wer mit will, soll sogleich in den Konsultationsraum kommen!»

Sind Patienten, die dieses Boot benutzen könnten, gerade in der Pflanzung, um Palmnüsse aufzulesen, oder im Wald, um Brennholz zu holen, oder irgendwo am Ufer beim Fischen, so werden Boten ausgesandt, sie eilends herbeizuholen.

Im Konsultationsraum, wo jetzt alle andere Arbeit ruht, stellen wir fest, ob die betreffenden Leute wirklich entlassen werden können. Dann schreiben wir für jeden einzelnen eine Empfehlung an die Beamten, bei denen er auf seiner Reise durchkommt. Unterdessen rüstet die Pflegerin für jeden Mundvorrat (Reis, Maniok, Bananen und getrockneten Fisch) für mehrere Tage. Jeder bekommt auch ein Säckchen Salz mit. Da

Am Landesteg von Lambarene.

Salz im Innern das am besten gehende Zahlungsmittel ist, kann er sich dafür unterwegs Nahrungsmittel verschaffen. Er braucht es auch, um das Fährgeld zu entrichten, wenn er sich über Flüsse setzen lassen muss. Umsonst leisten die Wilden im Innern einem Fremdling keine Dienste.

Die meisten Patienten haben sich im Hinblick auf die Heimreise etwas von dem Reis abgespart, den sie im Spital zur Bereitung ihres Essens erhielten, und nehmen ihn in Flaschen mit. Leere Flaschen können sie sich bei uns in beliebigen Mengen verschaffen, da sie hier keinen Wert haben. Sie liegen hinter den Faktoreien in Haufen herum. Im Innern aber sind sie sehr begehrt und werden teuer bezahlt. So trägt jeder der Heimkehrenden so viel Flaschen mit sich, als er nur zu schleppen vermag.

Selten gehen die Wilden aus dem Innern heim, ohne sich hier einen Regenschirm gekauft zu haben. Ohne ihn aus dem Papierfutteral zu nehmen, binden sie ihn obenauf auf ihr Gepäck.

Damit sie etwas haben, wohinein sie ihren Mundvorrat und was sie sonst noch mitnehmen, tun können, bekommen die Leute von den Pflegerinnen einen leeren Reissack. Dieser kann ihnen des Nachts auch als Decke dienen.

Haben sie in dem Konsultationsraum das Empfehlungsschreiben, den Mundvorrat und den Reissack in Empfang genommen, so werden sie in die Baracken geschickt, um ihre Sachen zu holen. Diesen Gang darf man sie aber nicht allein tun lassen. Ein schwarzer Heilgehilfe wird jedem beigegeben, damit er schnell macht und nicht etwa noch im Spital herumgeht, um von allen Bekannten umständlich Abschied zu nehmen. Die Führer der Boote haben es ja eilig fortzukommen. Für unsere Wilden spielt die Zeit aber keine Rolle.

Bis zum letzten Augenblick sind wir in Angst, ob nicht der Führer des Bootes ungeduldig wird und abfährt, oder ob er sich nicht weigert, alle mitzunehmen. Ärzte und Pflegerinnen verwickeln ihn in eine Unterhaltung, damit er abgelenkt wird. Trotz aller Mühe, die wir uns geben, dauert es oft an die zwei Stunden, bis die Leute zusammengebracht wurden und reisefertig sind. Ärzte und Pflegerinnen sind von dem Hin- und Herlaufen und von dem Anordnen und Rufen ganz erschöpft. Und immer müssen wir befürchten, dass die Sache doch noch nicht flott genug vor sich ging und der Besitzer oder Führer des Bootes nicht so bald wieder bei uns anlegen und sich in Gefahr begeben wird, Leute mitnehmen zu müssen und dabei noch kostbare Zeit zu verlieren.

Nur selten wissen wir zum voraus, wann ein Boot bei uns durchkommen wird, und sind darum nur ausnahmsweise in der Lage, die Leute in Ruhe zusammenzusuchen und für die Reise auszurüsten.

Endlich sind alle abgefertigt und ziehen zum Landungsplatz. Pflegerinnen und Heilgehilfen überwachen den Zug, damit nicht der oder jener noch im letzten Augenblick sich nochmals in die Baracke begibt und Aufenthalt verursacht.

Sind die Leute im Boot verstaut, werden sie zum letzten Mal ermahnt, auf der Fahrt ja nichts anzustellen. Einmal kam es vor, dass ein Wilder in dem Motorboot, das ihn mitnahm, sich damit vergnügte, einen Hahn aufzudrehen und das Benzin aus dem Tank laufen zu lassen.

Das Boot fährt. Schwarze Hände winken zum Abschied. Werden die Heimkehrenden alle die Strapazen der langen Wanderung überstehen und ihr Dorf wiedersehen? Mit dieser Sorge kehren wir zum Spital zurück, dessen Betrieb die Zeit über stille stand.

Durch die Weissen ist es auch hier aufgekommen, dass man den Hühnern Eier aus Porzellan ins Nest legt, um sie nach Möglichkeit darüber hinwegzutäuschen, dass man ihnen diejenigen, die sie legen, täglich wegnimmt. Hier aber ereignet es sich dann, dass nicht nur die Hühner, die gemeint sind, sondern noch andere Wesen, die sich mit Eiern zu schaffen machen, durch diesen Betrug betört werden.

Folgende Geschichte trug sich vor meiner Zeit zu. Ein Missionar auf der Missionsstation Lambarene begab sich eines Morgens, noch vor Tag, auf eine Predigtfahrt. Um etwa bereits gelegte Eier als Reiseproviant mitzunehmen, machte er das Durchschlupftürchen unten an der Türe des Hühnerstalles auf und fuhr blindlings mit der Hand nach dem Neste. Dabei erging es ihm aber merkwürdig. Die Hand stiess an etwas Glattes und Kaltes, das im Hühnerstall hin und her schwang.

Eilends wurden eine Laterne und der Schlüssel zur Türe geholt. Als man aufmachte und vorsichtig mit dem Licht in den Raum hineinleuchtete, ergab sich, dass das Pendel eine zwei Meter lange Schlange war, der das Porzellanei aus dem Rachen herausschaute. Sie hatte sich durch eine Öffnung in dem Blätterdach hindurchgezwängt und hing über dem Nest. Die Hühnereier waren gut durchgerutscht. Das Porzellanei aber hatte sich nicht zusammendrücken lassen wie die andern, sondern war ihr im Schlunde steckengeblieben, so dass sie es weder hinunterbrachte noch herauswürgen konnte. Wehrlos musste sie als Opfer des Truges der Weissen den Todesstreich erdulden.

In demselben Hühnerhaus legte dann später meine Frau den braven Tieren das Porzellanei ins Nest. Da die beiden kleinen Boys auch Liebhaber von Eiern waren, vergriffen sie sich öfters an dem Inhalte des Nestes. Einmal taten sie es in ihrer Unvorsichtigkeit so gründlich,

dass alle Eier, auch das Porzellanei, fehlten. Dadurch kam ihr Vergehen an den Tag. Natürlich versicherten sie hoch und heilig, dass sie nichts weggenommen hätten, sondern dass es sich um eine Unterlassung der Hühner handle.

Im Laufe des Morgens kam dann der eine der Boys strahlend zu meiner Frau gelaufen. Die Hühner machten sich wieder ans Legen. Eben sei die grosse graue, aus Europa gekommene Henne vom Nest gegangen und habe ein grosses Ei darin gelassen. Es war das Porzellanei, das die Missetäter wieder zurückgebracht hatten. Dass sie dieses Ei mit der harten Schale weder aufbringen noch sieden konnten, führten sie darauf zurück, dass es von der europäischen Henne stamme und dass nur die Weissen wüssten, wie es zuzubereiten sei.

Vor einigen Jahren fiel auch Upsi, der schlaue Affe, der ständig Eier stahl und sich nie dabei ertappen liess, auf den Trug herein. Frühmorgens traf ich ihn auf einem Pfosten der Umfriedung des Hühnerhofes sitzend, mit verstörter Miene ein Ei in der Hand haltend. Er sprang nicht fort, sondern blieb sitzen, als wollte er mich zum Zeugen des Unbegreiflichen, mit dem er es zu tun hatte, anrufen. Er schlug das Ei auf den Pfosten, und es zerbrach nicht. Er rollte es zwischen den Händen, und es liess sich nicht zerdrücken. Es half nichts, dass er es noch stärker aufschlug, es noch heftiger zwischen den Händen drückte und auch die Zähne zu Hilfe nahm.

Einen Augenblick innehaltend, um neue Kräfte zu sammeln, schaute er mich an, als wollte er mich fragen, ob ich etwas von dem Fall verstünde. Da passierte mir, dass ich lachen musste, obwohl man dies vor einem erregten Affen vermeiden soll, weil er dadurch nur noch mehr in Affekt gerät und unter Umständen aggressiv werden kann. Nun ging ihm auf, dass sein Missgeschick wieder einmal durch die Infamie der Menschen verschuldet sei.

Seine Entrüstung bekundete er mir durch grimmige Gesichter und durch Zähnefletschen. Nachdem er eine Zeitlang seine Wut an dem Unglücksei ausgelassen hatte, warf er es in den Hof, fauchte mich noch einmal an und sprang davon. Mehrere Tage lang hatte ich den Eindruck, dass er mich mied, weil ich Zeuge seines Missgeschickes gewesen war.

Eines Morgens dringt in aller Frühe der Lärm eines Streites vom Spital zu unserm Wohnhaus herauf. Dieser rührt daher, dass ein Patient in der Nacht das Kanu eines anderen nahm und damit im Mondenschein auf den Fischfang fuhr. Der Besitzer des Bootes überrascht ihn bei der Heimkehr im Morgengrauen und verlangt von ihm eine hohe Entschädigung in Geld für das Benutzen des Bootes sowie alle erbeuteten Fische. Dies steht ihm nach dem unter den Eingeborenen geltenden Rechte tatsächlich zu.

Der Fall wird vor mich gebracht. Nun muss ich, wie schon so manchesmal, das Richteramt ausüben. Zuerst gebe ich bekannt, dass auf meinem Boden nicht das Eingeborenenrecht, sondern das Vernunftrecht der Weissen, das durch meinen Mund verkündet werden wird, in Kraft ist. Dann schreite ich zur Untersuchung der Rechtslage.

Ich stelle fest, dass beide zugleich im Recht und zugleich im Unrecht sind. «Im Recht bist du», sage ich zum Besitzer des Bootes, «weil der andere dich um die Erlaubnis, es zu benutzen, hätte fragen sollen. Im Unrecht bist du aber durch Nachlässigkeit und Faulheit. Nachlässig warst du, weil du die Kette deines Kanus einfach um eine Palme schlangst, statt sie, wie man es hier tun soll, mit einem Sicherheitsschloss zu schliessen. Durch die Nachlässigkeit hast du den andern in Versuchung geführt, dein Boot zu benutzen. Der Trägheit bist du schuldig, weil du in dieser Mondscheinnacht in deiner Hütte schliefst, statt die gute Gelegenheit zum Fischfang zu benutzen.»

«Du aber», wende ich mich dann zu dem andern, «der du das Boot genommen hast, bist im Fehler, weil du es unterliessest, den Besitzer um Erlaubnis zu fragen. Im Recht bist du, weil du nicht so faul warst wie er und die Mondscheinnacht nicht ungenützt vorübergehen lassen wolltest.»

In Anbetracht der so festgestellten Rechtslage verkündige ich dann das Urteil, dass der Mann, der auf die Fischerei ging, dem Besitzer des Bootes ein Drittel der Fische als Entschädigung zu geben hat und ein Drittel der Fische behalten darf, weil er sich überhaupt die Mühe nahm, Fische zu fangen. Das übrigbleibende Drittel spreche ich dem Spitale zu, weil der Fall hier spielt und ich meine Zeit damit verlieren muss, das Palaver zu regeln.

Eine reizende Palavergeschichte habe ich aus London. An einem der Seen in Englisch-Ostafrika lebte ein junger Kolonialbeamter unter einer noch ziemlich primitiven Bevölkerung. Seine Hauptsorge war, als Richter dem Rechtsempfinden seiner Untertanen entsprechend zu entscheiden.

Als er seinen Posten noch nicht lange innehatte, erschienen zwei Frauen vor ihm mit einem lebenden und einem toten Säugling, wobei jede das lebende Kind für sich beanspruchte. Der Fall lag also wie der, den Salomo zu entscheiden hatte, und der junge Beamte war froh, sich an dieses Vorbild halten zu können. Also rief er einen schwarzen Soldaten herbei und befahl ihm, das lebende Kind mit dem Schwerte zu zerteilen und jeder Frau eine Hälfte zu geben.

Der Fortgang der Gerichtssitzung war aber ein anderer als bei Salomo. Statt dass eine der Frauen den Richter bat, das Kind doch ja nicht zu töten, sondern es lieber der andern zu geben, jubelten hier beide zusammen und riefen mit allem Volk: «Das ist der rechte Richter! Der versteht es, Palaver zu regeln!»

Nun war der arme Beamte in Verlegenheit, welche Frau das Kind bekommen sollte. Zuletzt wusste er sich nicht anders zu helfen, als dass er es auf gut Glück der schöneren zusprach.

Einmal traf ein junger Engländer, der eine Anstellung im Holzhandel hatte, mit seinem Motorboot im Spital ein, um einen Tag hier zu verbringen. Als ich nachher das Motorboot nicht am Landungsplatz sah und ihn fragte, warum es nicht da sei, sagte er mir, er habe dem schwarzen Mechaniker erlaubt, damit für einen Tag in sein flussabwärts vom Spital gelegenes Dorf zu fahren. Ich bemerkte ihm, dass man in diesem Lande sein Motorboot möglichst unter Augen behalten müsse. Der Schwarze hätte sich geradesogut in einem Kanu zu seiner Familie begeben können.

Als der Engländer am übernächsten Tage fort wollte, war das Motorboot nicht zur Stelle. Auch in den nächsten Tagen traf es nicht ein. Nun wurde er doch etwas unruhig und bat mich um ein Kanu, um sich nach jenem Dorfe zu begeben. Als er dort ankam und den Schwarzen fragte, warum er denn nicht gekommen sei, gab dieser als Grund an, dass mit den Schrauben des Motors etwas nicht in Ordnung sei. Beim Betreten des Bootes fand sich, dass der Motor auseinandergenommen war und Teile auf dem Boden herumlagen.

Als nämlich der Schwarze stolz mit dem Boote angefahren war und die Leute des Dorfes den Motor bestaunen liess, fragten ihn diese, ob er sich auch getraue, alles auseinanderzuschrauben und wieder zusammenzusetzen. Sein Stolz verbot ihm, es zu verneinen und zu gestehen, dass er, wie so viele andere sich hier Mechaniker nennende Schwarze nichts weiter könne, als den Motor andrehen. Also nahm er, von den Seinigen bestaunt, den Motor, soweit er es fertigbrachte, auseinander und wartete dann mit dem stoischen Gleichmut, wie er unsern Schwarzen in solchen Fällen zur Verfügung steht, der Dinge, die da kommen würden.

Zum Glück war keine Schraube verlorengegangen, so dass der Engländer den Motor wieder zusammenbrachte. Von da an kam es nicht mehr vor, dass er dem Schwarzen das Boot überliess.

Ein mit mir befreundeter Holzhändler fuhr mit im Innern geworbenen Arbeitern im Motorboot den Fluss hinunter. Als im Laufe des Nachmittags in der Nähe des glühend gewordenen Auspuffrohres ein Brett zu glimmen anfing, bekamen die Schwarzen Angst und wollten sich ins Wasser stürzen, obwohl sie, als Leute aus dem Innern, nicht schwimmen konnten. Mit Mühe gelang es dem Weissen, sie zu beruhigen.

Er benutzte die Gelegenheit, sie über das Verhalten bei Ausbruch von Feuer im Boote zu belehren. Sie wurden von ihm unterwiesen, dass sie, wenn irgendwo eine Flamme zu sehen sei, diese, ohne zu erschrecken, mit der dicken Zeltleinwand, die unter der Bank vor dem Motor lag, zudecken sollten. Diese Zeltleinwand war dazu da, um über den Motor gelegt zu werden, wenn er in Ruhe war, damit er gegen Feuchtigkeit und Regen geschützt wäre. Um die Sache gründlich zu machen, liess der Weisse die Leute dieses Zudecken angenommener Flammen üben.

Als es dunkel wurde, wollte der Boy die Petroleumlaterne anzünden, um sie als Bootslicht vorn an den Bug zu hängen. Unglücklicherweise hatte er sie mit Benzin statt mit Petroleum gefüllt. Dies kommt bei den Schwarzen hier nicht selten vor, weil die Blechgefässe, in denen das Petroleum und das Benzin geliefert werden, einander zum Verwechseln gleichen. Kaum kam der Boy mit dem Streichholz an die Laterne, schoss eine mächtige Flamme aus ihr empor, worauf er sie, durch die Angst des Überlegens beraubt, vorn ins Boot statt ins Wasser warf. Kaltblütig, in der Meinung, es handle sich um eine vom Weissen veranstaltete Löschprobe, ergriffen die Wilden das Zelttuch und erstickten die Flamme. Hätte nicht vorher ein Brett beim Auspuffrohr zu glimmen angefangen und Anlass zu einer Unterweisung der ganz unerfahrenen neuen Arbeiter gegeben, so wären sie beim Explodieren der Laterne alle ins Wasser gesprungen und ertrunken.

Als in neuester Zeit eine Flugpostlinie vom Kongo über die Sahara nach dem Mittelländischen Meer eingerichtet wurde, sahen und hörten die Einwohner des Urwalds zum erstenmal Flugzeuge über ihre Dörfer dahinbrausen. In ihrem Schrecken gingen sie die Fetischmänner um Auskunft über diese Erscheinungen an. Diese konnten natürlich ihre Unwissenheit nicht eingestehen und sahen sich daher genötigt, kaltblütig etwas zusammenzuphantasieren.

Ein Fetischmann aus dem Hinterland von Lambarene verkündete, wie ich von Weissen aus jener Gegend erfuhr, dass in dem grossen Vogel Gott selber auf die Erde herniedergefahren komme, um die Menschen für ihre Sünden zu strafen. Auch müsse man jetzt eines Monats gewärtig sein, in dem ständige Nacht herrschen werde. Auf diese Prophezeiung hin liefen die Leute in die Pflanzungen, schnitten alle reifen und halbreifen Bananen ab, häuften sie bei ihren Hütten auf und stellten Gefässe mit Wasser dazu, um für jene Wochen Essen und Trinken bei der Hand zu haben.

Mit jeder Post kommt hier ein Stoss Warenhauskataloge für Eingeborene an. Mit Wonne versenken sich meine Heilgehilfen mit ihren Bekannten in die Hefte, in denen Hüte, Krawatten, Hemden, Kragen, Schuhe, Uhren und soviel andere herrliche Dinge abgebildet sind, und unterhalten sich darüber. Die einen geben dem Schuh «Apollo», die andern dem «Hermes» den Vorzug, die einen finden die Krawatte «Spaa», die anderen die «Ostende» am kleidsamsten. Stundenlang können sie sich damit verweilen, mit den Fingern auf die Abbildungen zu zeigen, ihre Ansichten auszutauschen und sich miteinander auszudenken, was sie am liebsten bestellen würden.

Hat der Eingeborene etwas Geld zusammen, so erliegt er sehr oft der Versuchung, eine von irgendeinem Schreiber verfasste Bestellung für eine Paketsendung per Nachnahme abgehen zu lassen und die erforderliche Anzahlung (die gewöhnlich die Hälfte des Wertes der Sachen ausmacht) zu leisten. Dann kommt der Tag, an dem sich auf der Post ein an ihn gerichteter Brief der Firma mit dem zur Einlösung des Paketes erforderlichen Schein findet. Natürlich fehlt ihm aber nun das Geld für die Nachnahmezahlung. Gelingt es ihm nicht, es in der erforderlichen Zeit bei den Verwandten und Bekannten zu entlehnen, so geht das Paket an die Firma zurück. Von dieser erhält er dann nach Wochen eine Benachrichtigung, dass er nach Abzug aller Kosten für das nichteingelöste Paket von seiner Anzahlung noch soundsoviel als Guthaben bei ihr besitze und dieses als Anzahlung für eine neue, entsprechend kleinere Bestellung benutzen könne.

Jede Poststation in Äquatorialafrika muss über genügend Raum verfügen, um die vielen Pakete, die – oft vergeblich – darauf warten, von Eingeborenen eingelöst zu werden, unterbringen zu können.

Die Warenhauskataloge geben unsern Schwarzen Rätsel auf, denen sie nicht immer gewachsen sind. Verkündet da vor Jahren ein Mann aus der Gegend der Missionsstation Samkita allen seinen Bekannten, er habe in einem Katalog Schuhe zu unglaublich billigen Preisen entdeckt, und lässt sich wochenlang von ihnen darob beneiden. Das Paket kommt an und enthält Puppenschuhe.

Der Boy eines Weissen in der Gegend von Lambarene hatte sich eine Lampe kommen lassen, die ihm im Katalog in die Augen gestochen hatte. Nach einigen Tagen brachte er sie seinem Herrn und bat ihn, er möge ihm doch zeigen, wo man das Petroleum eingiessen könne. Dieser konnte ihm nicht aus der Verlegenheit helfen, denn es war eine Lampe für elektrisches Licht.

Wie mir ein Weisser aus dem Innern erzählte, bot dort ein Schwarzer seine Bekannten auf, sie müssten ihm beim Transport eines Klaviers behilflich sein. Er habe sich ein solches Gesangsholz, wie die Frau des Bezirkshauptmanns eines habe, in Europa bestellt, und es sei merkwürdig billig. Als es ankam, konnte er es allein heimtragen. Er hatte sich ein Puppenklavier verschrieben.

Steht im Katalog, dass der Schuh «Oskar» in den Nummern 38 bis 45 vorrätig ist, wird der arme Schwarze dazu verleitet, die Nummer 38 bis 45 zu bestellen. Steht neben dem Hemd «August» die Angabe, «in weiss, in gelb, in rosa, in grün, in blau», so kann es vorkommen, dass er alle diese Farben in der Bestellung dieses einen Hemdes angibt. Will es das Unglück, dass auf dem Titelblatt des Kataloges die Filialen des Geschäftes in den verschiedenen Städten verzeichnet sind, so ist er in Gefahr, auf der Adresse seiner Bestellung sechs Städte zugleich anzuführen.

Einer der liebsten und edelsten Menschen, die ich hier kannte, war Herr Missionar Rambaud in Samkita. Er wirkte unter den wilden Pahuins, die er durch seine Güte entwaffnete. Obwohl die Schwarzen sehr an ihm hingen, kam es doch vor, dass sie ihm Streiche spielten.

Eines Abends sang er, wie er es zu tun pflegte, Choräle, indem er sich auf dem Harmonium begleitete. Da kamen vier Schwarze vorbei und hörten andachtsvoll vor der Türe zu. Als sie baten, eintreten zu dürfen, um die schönen Lieder ganz aus der Nähe zu vernehmen, erlaubte er es ihnen, obwohl sie einem Nachbardorfe angehörten, dessen Bewohner als Diebe und Spitzbuben bekannt waren.

Nach einiger Zeit entfernten sich zwei der Hörer während des Gesanges. Die andern blieben und sagten dem Missionar, ihre Kameraden hätten nur gerade einen Gang zu tun und kämen wieder, um sie abzuholen. Sie beide hätten sich nicht entschliessen können, fortzugehen, denn sie spürten, wie ihre Herzen über diesen Liedern besser würden.

Um ihnen Freude zu machen, fuhr der Missionar mit Singen fort, obwohl es mittlerweile spät geworden war. Jedesmal, wenn er aufhören wollte, baten sie ihn, ihnen noch dieses und jenes Lied zu singen, da ihr Herz noch nicht genug habe.

Endlich kamen die zwei zurück. Als er für diese noch ein Lied zugegeben hatte, schieden die Besucher. Froh darüber, dass sich in den vier Wilden, die er sonst als verstockt kannte, doch einmal gute Regungen gezeigt hatten, begab er sich zur Ruhe.

Am nächsten Morgen stellte er zu seinem Schrecken fest, dass das Missionsmagazin ausgeplündert worden war. Von den Werkzeugen, den Stoffen, dem Salz und dem Tabak, die die Station auf Lager hatte, um damit von den Eingeborenen Lebensmittel für die Ernährung der Schulkinder zu beschaffen, war nichts mehr vorhanden. Das Schloss war unversehrt. Die Diebe mussten es also mit dem Schlüssel, der für gewöhnlich an einem Nagel im Zimmer des Missionars hing, geöffnet haben. Die gestohlenen Sachen entdeckte man in dem

Dorfe der vier Leute, die den Chorälen so andächtig gelauscht hatten.

Während der Missionar sang, hatten die zwei, die sich fortbegaben, hinter seinem Rücken den Schlüssel des Magazins vom Nagel genommen und in aller Ruhe, während er für die beiden andern noch weitersingen musste, mit den Leuten des Dorfes das Magazin ausgeräumt. Bei ihrer Rückkehr hatten sie den Schlüssel wieder an seinen Platz gehängt.

Im Innern, wo der Islam stark verbreitet ist, machten sich junge Leute über einen Alten, der ein eifriger Koranleser war, lustig. «Du musst ihn bald auswendig können, deinen Koran», sagten sie zu ihm, «bekommst du es denn nicht satt, immer dasselbe zu lesen?»

«Er ist für mich gar nicht derselbe Koran», erwiderte er ihnen. «Als Jüngling verstand ich ihn wie ein Jüngling, als Mann wie ein Mann, und jetzt als Greis wie ein Greis. Weil er immer Neues für mich enthält, lese ich ihn fort und fort.»

Immer zu Streichen aufgelegt.

OJEMBO, DER URWALDSCHULMEISTER
CHARAKTER DER SCHWARZEN

Als ich das erstemal in Lambarene war, wirkte dort auf der Missionsstation, wie ich in «Zwischen Wasser und Urwald» erzähle, ein schwarzer, etwa dreissig Jahre alter Lehrer namens Ojembo. Ojembo heisst «das Lied».

Die Kirche auf der Missionsstation von Lambarene.

Nie hat wohl jemand einen so schönen Namen besser getragen als dieser schwarze Lehrer. Gleich fühlte ich mich zu dem klugen, gütigen und bescheidenen Menschen hingezogen. Er hatte etwas so Feines an sich, dass man sich in seiner Gegenwart fast eingeschüchtert fühlte.

Seine Frau war ebenfalls lieb und tüchtig. Und wie wohlerzogen waren die drei kleinen Negerlein, die die Bambushütte, die dem Lehrer als Amtswohnung diente, bevölkerten.

Ojembo war der Übersetzer meiner Predigten im Gottesdienst. Am Samstagabend kam er, um mit mir zu proben. Da musste ich ihm Satz für Satz die ganze Predigt hersagen, ob keine ihm unbekannten oder in die Negersprache nicht übertragbaren Worte darin vorkämen. Wie hat man sich zu hüten, hier in der Predigt von Dingen zu reden, unter denen die Schwarzen sich nichts vorstellen können! Eine Reihe von Gleichnissen Jesu muss man ausser Betracht lassen oder umschreiben, weil die Schwarzen des Ogowe nicht wissen, was ein Weinstock oder ein Getreidefeld ist.

Gegen Ende des Krieges, als die Mission in Geldnöte kam und die Gehälter der Angestellten draussen kürzen musste, gab Ojembo seine Lehrstelle auf, um in sein an einem abgelegenen See im Urwald liegendes Dorf zu ziehen. Mit seiner mageren Bezahlung hatte er schon vorher Mühe gehabt, sich und die Seinen durchzubringen. Nun galt es zu verdienen, um die Familie zu erhalten. Er gedachte, eine Pflanzung anzulegen.

Als ich 1924 wieder nach Afrika kam, traf ich an der Küste mit Ojembo zusammen. Er hatte mit Männern aus seinem Dorfe eben ein mächtiges Floss den Ogowe heruntergebracht und strich von der holländischen Firma, der er es verkaufte, ein schönes Geld dafür ein.

«Ojembo, du hast dich gemacht», sagte ich. «Jetzt bist du im Holzhandel und auf dem besten Wege, ein reicher Mann zu werden.» «Es geht mir nicht schlecht», antwortete er in seiner schlichten Art.

Kaum dass ich ihn noch nach Frau und Kindern fragen konnte, musste er wieder fort, um bei der Ablieferung und der Nachmessung des Flosses dabei zu sein. Ich selber musste zur Verzollung meiner Kisten gehen.

Eigentlich war es mir ganz recht, dass wir nicht viel miteinander reden konnten. Ojembo, der Holzhändler, war für mich ja nicht mehr derselbe wie Ojembo, der Lehrer.

Gerade auf ihn hatten wir alle so grosse Hoffnungen für die Erziehung der schwarzen Jugend gesetzt. Von ihm hatten wir erwartet, dass er seinen Altersgenossen, die alle so aufs Geldverdienen aus waren, zeigen würde, dass es noch etwas Höheres gäbe: ein wertvolles Wirken. Die andern, die mit ihm auf der höheren Schule der Mission gewesen waren und in jenen Jahren die Prüfung bestanden hatten, hatten es verschmäht, Schulmeister zu werden. Sich mit einem armseligen Gehalt durchs Leben zu schlagen und von morgens bis abends mit widerspenstigen Negerbuben zu tun zu haben, war ihnen nicht verlockend erschienen. Wohl wussten sie, wie gross der Mangel an eingeborenen Lehrern war; wohl baten die Missionare, sie möchten doch das, was sie an ihren heranwachsenden Landsleuten Gutes tun könnten, höher stellen, als Geldverdienen. Jeder hatte eine andere Ausrede, warum er jetzt vor allem daran denken müsse, sich mit den auf der höheren Schule der Mission erworbenen Kenntnissen als Schreiber bei der Regierung oder im Holzhandel eine einträglichere Stellung zu erwerben. Der eine musste die Schulen seines Bruders bezahlen; der andere hatte selber Schulden; ein dritter wollte sich eine Frau kaufen; ein vierter brauchte Geld zur Anlage einer Pflanzung.

Nur Ojembo hatte das schlecht bezahlte und schwere Wirken als Erzieher statt des Geldverdienens gewählt. Und nun war – durch die Schuld des Krieges – auch Ojembo zuletzt in den Holzhandel gekommen und darin geblieben. Ich machte ihm keine Vorwürfe, aber ich trauerte um ihn.

Längere Zeit trug ich die Sache mit mir herum. Die Missionare in Lambarene mochte ich nicht nach Ojembo fragen, um Näheres über ihn zu hören. Aber jedesmal, wenn ich an der Hütte bei der Knabenschule vorbeiging, aus der er manchmal auf mich zugekommen war und mit mir geplaudert hatte, gab es mir einen Stich durchs Herz.

Eines Tages aber kam unter den Missionaren in meiner Gegenwart die Rede auf Ojembo. «Ach», sagte ich, «auch einer, der an den Holzhandel verlorengegangen ist. Um den tut es mir mehr leid, als um alle andern zusammen.»

«An den Holzhandel verlorengegangen?» sagte ein Missionar. «Wie meinen Sie das?»

«Nun ja», sagte ich, «ich habe ihn doch in Kap Lopez angetroffen, wie er ein grosses Floss, das er mit den Leuten seines Dorfes geschlagen hatte, ablieferte. Und er hat mir selbst gesagt, er sei jetzt im Holzhandel.»

«Ja», sagte der Missionar, «er ist im Holzhandel; aber dem Lehrerberuf ist er darum nicht verlorengegangen. Er entfaltet jetzt eine viel grössere erzieherische Tätigkeit, als da Sie ihn in Lambarene kannten.»

Nun erfuhr ich folgendes: Als Ojembo in sein Dorf ging, brachte er die Leute des Dorfes dazu, dass sie miteinander ein grosses Stück Wald rodeten, um eine grosse Pflanzung von Bananen und Maniok anzulegen.

Das Fällen des Urwaldes ist eine so beschwerliche Arbeit, dass die Schwarzen gewöhnlich nur gerade so viel Land urbar machen, wie sie brauchen, um nicht ganz zu verhungern. Darum ist in jenen Gegenden nicht selten Hungersnot.

Oft muss die Regierung schwarze Soldaten ins Dorf legen, um die Leute zu zwingen, genügend Wald zu Pflanzungen umzuhauen.

In seinem Dorfe setzte es Ojembo aber durch, dass die Leute bei der schweren Arbeit des Fällens der Riesenbäume aushielten und Platz für eine grosse Pflanzung schufen. Die Pflanzung fing an zu tragen, als der

Bananenverkauf im Busch.

Krieg zu Ende war und der Holzhandel wieder in Gang kam. Da hatte das Dorf nicht nur reichlich Lebensmittel für sich selbst, sondern es konnte den Holzhändlern für ihre zahlreichen Arbeiter Bananen und Maniok liefern. So wurden die Leute durch Ojembo zur zielvollen Arbeit angehalten und kamen zum Wohlstand.

Als so für des Lebens Unterhalt gesorgt war, gründete Ojembo in dem Dorfe eine Schule. Er dachte nicht daran, die Regierung oder die Mission zu diesem Zwecke um einen Zuschuss anzugehen. Er selber hatte ja jetzt zu leben. Die Kinder aber, die in die Schule kamen, konnten sich ihre Nahrung und das Geld für die Bücher verdienen, indem sie in der freien Zeit in der grossen Pflanzung arbeiteten. Denn die Pflanzung wurde stetig unterhalten und stetig vergrössert. Neben den Bananen und dem Maniok wurde auch Kaffee und Kakao gebaut.

So entstand in jener abgelegenen Gegend eine blühende Schule. Daneben war Ojembo Evangelist. Am Sonntag hielt er Gottesdienst.

Ojembo war aber nicht nur der Erzieher der Kleinen, sondern auch der Grossen. Er brachte sie dazu, dass sie das Dorf neu aufbauten. Gewöhnlich wohnen die Schwarzen in ihren Bambushütten, bis diese ihnen verfault über dem Kopfe zusammenbrechen. Dann sammeln sie in der Eile die nötigsten Materialien, um schnell wieder eine Hütte zu errichten. Um möglichst wenig Arbeit zu haben, machen sie sie möglichst klein. Ojembo aber brachte sie dazu, auch hierin richtige Arbeit zu leisten. Im Laufe der Monate entstand ein Dorf aus gediegenen und geräumigen Hütten.

Schon von weitem, so erfuhr ich, unterscheidet sich dieses Dorf von den andern. Ein gewöhnliches Negerdorf im Urwald sieht man erst, wenn man darin steht. Das Dickicht reicht bis an die Hütten. Es ist ja schon eine grosse Arbeit, den Wald um das Dorf herum freizulegen. Da begnügen sich die Leute dann gewöhnlich damit, die Bäume im Umkreis von einigen Metern umzuhauen, um einen weiten freien Platz zu schaffen.

Nachher kommt aber die noch viel grössere Arbeit, das Gebüsch und das Elefantengras, die nun ständig an Stelle des niedergelegten Waldes wieder emporwachsen, regelmässig abzuhauen. Jeden Monat muss die Arbeit unternommen werden. Wie bald bekommen die Leute diese uneinträgliche Mühe satt! Sie lassen um das Dorf herum wuchern, was da wuchern will, unbekümmert darum, dass diese dichte Wildnis jeden Luftzug von den Wohnungen abhält und dass die in dem Gebüsch und dem hohen Gras hausenden Stechmükken den Bewohnern des Dorfes das gefährliche Sumpffieber bringen.

Durch die Autorität, die er nach und nach über die Leute erworben hatte, brachte Ojembo es fertig, dass um das Dorf am See ein grosser freier Platz entstand.

An Widersachern hat es diesem Oberlin[1] im Urwalde natürlich nicht gefehlt. Die trägen Menschen lehnten sich gegen ihn auf. Selbst die Verleumdung ging um, dass er das Dorf zur Arbeit anhielte, um sich selber dadurch zu bereichern.

Aber Ojembo wurde seiner Widersacher Herr. Nicht dass er sie machtvoll bei den Dorfversammlungen niedergeredet hätte. Rednergabe ist ihm nicht verliehen. Er siegte durch die Lauterkeit und Güte seines Wesens.

Als der Holzhandel wieder in Blüte kam, regte Ojembo an, dass die Männer des Dorfes sich unter seiner Leitung zur Betätigung im Holzhandel zusammentun sollten. Schon in früheren Zeiten hatten sie zusammen Holz geschlagen. Aber es war immer ein unordentlicher Betrieb gewesen. Niemand hatte gehorcht. Wenn

---

[1] J. Fr. Oberlin, elsässischer Pfarrer und Volkserzieher (1740–1826).

es galt, die Bäume zu fällen und zu zerlegen, ins Wasser zu rollen und in Flösse zu binden, war gar mancher unter den mannigfachsten Vorwänden von der Arbeit gewichen. Vielen war es nur darauf angekommen, an dem Vorschuss beteiligt zu sein, den der weisse Holzhändler für die versprochenen Flösse zahlen musste. Ob die Lieferung nachher auch richtig erfolgte, kümmerte sie nicht. So blieb das Holz manchmal im Walde liegen und verdarb, weil es nicht rechtzeitig in den Fluss geschafft worden war. Wurden aber Flösse abgeliefert, so entstanden immer Händel, wie das erlöste Geld zu verteilen sei.

Unter Ojembos Leitung wurde alles anders. Die Arbeit wurde organisiert. Es wurde Buch geführt über die geleisteten Arbeitstage und über die Ausgaben und Einnahmen. Jeder war sicher, dass er im Verhältnis zu seiner Leistung bezahlt würde. An Stelle der Unordnung trat Ordnung. Es wurde viel mehr geleistet und viel mehr verdient.

Kurze Zeit, nachdem ich so von der erzieherischen Tätigkeit Ojembos gehört hatte, kam er mich im Spital begrüssen. Nun war er wieder der alte Ojembo für mich. Ich drückte ihm meine Freude über sein Wirken aus und hätte gerne mehr darüber aus seinem Munde erfahren. Aber es war nichts aus ihm herauszubringen. Er scheute sich, von sich selbst zu reden.

Meinen Plan, ihn in seinem an die 150 Kilometer von Lambarene entfernten Dorfe aufzusuchen, konnte ich nicht ausführen, weil ich durch die Verlegung des Spitals auf einen grösseren Platz zu sehr in Anspruch genommen war.

Dass aber die Stadt, die auf dem Berge liegt, nach dem Worte unseres Herrn nicht verborgen bleiben kann, erfuhr ich 1927 auf dem Schiff während der Heimfahrt. Sassen wir da, einige Holzhändler, ein Mis-

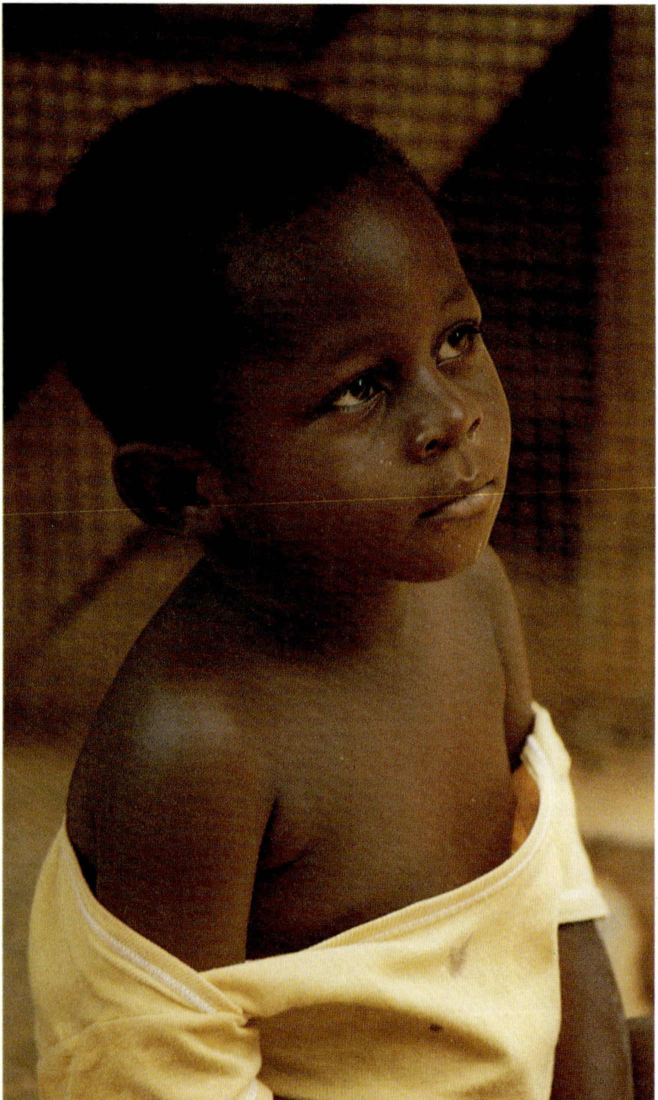

sionar und ich, zusammen und sprachen von dem, was wir am Ogowe erlebt hatten. Die Holzhändler waren unerschöpflich in Geschichten von Vorschüssen, die sie an Schwarze gegeben hatten, ohne das versprochene Holz geliefert zu bekommen, von Flössen, die sie gekauft hatten, um nachher zu erfahren, dass man sie gleichzeitig an den Konkurrenten verkauft und von beiden das Geld eingesteckt hatte, von schlechtem Holze, das sie an Stelle des ausgemachten guten erhalten hatten. «Aber», unterbrach einer von ihnen diese Ergüsse, «sie sind doch nicht alle so. Einen wenigstens habe ich kennengelernt, auf den absolut Verlass ist. Er wohnt in der Gegend der N'Komi. Wenn Sie zu dem kommen und einen Lieferungsvertrag abschliessen, sind Sie sicher, dass Sie das Holz in der bedungenen Qualität und zur rechten Zeit bekommen. Und während die Schwarzen sonst Vorschüsse über Vorschüsse von einem erpressen wollen, weist dieser die angebotenen Vorschüsse sogar zurück. Ich habe gemeint, nicht recht gehört zu haben, wie er mir sagte, dass ich vor erfolgter Lieferung nichts zu zahlen habe.»

«Und dieser Schwarze heisst Ojembo», sagte der Missionar. «Ja, so heisst er», antwortete der Weisse.

«Von diesem Ojembo kann auch ich eine Geschichte erzählen», fiel da ein anderer Holzhändler ein. «Auf jenem See wurde ich in einem Flachboote angesichts eines Dorfes plötzlich von einem Sturm überfallen. Der Wind war gegen uns. Wir begannen die Hoffung, den Strand zu erreichen, aufzugeben. Es war nur noch eine Frage der Zeit, wann unser Fahrzeug, das sich schon mit Wasser füllte, von den Wellen zum Kentern gebracht werden würde. Von den Eingeborenen, die bei uns waren, konnten die meisten nicht schwimmen, weil sie aus dem Innern stammten. Auf das Dorf setzte ich gar keine Hoffnung. Die Schwarzen sind ja nicht leicht gewillt, ihr Leben für andere aufs Spiel zu setzen. Und wie sollten sie uns auch helfen? Nur mit einem grossen Kielboote hätte man sich auf den wilden See wagen dürfen. Heute besitzen die Schwarzen ja keine solchen Boote mehr. Sie wenden die Mühe nicht auf, sie zu zimmern. Da sehe ich durch den sintflutartigen Regen hindurch, wie ein mächtiges Boot vom Lande abstösst und auf uns zuhält. Es erreicht uns, als wir gerade zu sinken begannen. Die Leute begnügen sich nicht damit, uns zu retten, sondern sie fischen auch meine Kisten auf. Im Dorfe bekommen wir trockene Sachen, werden gut untergebracht und gut ernährt. Der Anführer, in dessen Hütte ich mich befinde, lässt die Kisten herbeischaffen und öffnet sie, um die darin befindlichen Sachen zu trocknen. Habt ihr schon so etwas in Afrika erlebt? Am andern Morgen, wie ich meine Sachen zusammensuche, fehlt auch nicht ein Stück. Auch das habt ihr in Afrika noch nicht erlebt. Jetzt aber kommt das Beste! Wie ich mich verabschiede und bedanke, um in meinem Boote, das die Schwarzen nach dem Sturme geborgen hatten, weiterzufahren, frage ich den Anführer, wieviel ich den Leuten des Dorfes für ihre Mühe schulde. Darauf sagt dieser, sie hätten nur ihre Menschen- und Christenpflicht getan und wollten kein Geschenk dafür. Dies ist mein Erlebnis mit Ojembo.»

So ist Ojembo der Erzieher seines Dorfes geworden. Sein Einfluss reicht weit darüber hinaus.

Als ich ihn letzthin wiedersah, war er sehr bekümmert, weil die Elefanten mehrmals hintereinander die von seinen Leuten angelegten Pflanzungen verwüstet hatten.

Im Laufe der Jahre habe ich immer mehr die Erfahrung gemacht, dass sich bei unsern Schwarzen, neben so manchem, was uns befremdet und nicht sympathisch ist, auch viele gute und schöne Eigenschaften finden. Wir sind alle zu sehr geneigt, sie nur nach dem Ärger und den Enttäuschungen, die sie uns bereiten, wenn sie in unserem Dienste stehen oder wenn wir geschäftlich mit ihnen zu tun haben, zu beurteilen.

Dass sie undiszipliniert und in vielem unzuverlässig sind, dass so manche von ihnen der Versuchung, sich fremdes Gut anzueignen, allzuleicht erliegen und sich allzuoft verleiten lassen, mit der Unwahrheit umzugehen, stelle ich nicht in Abrede. Entschuldigend glaube ich hinzufügen zu dürfen, dass das Angestelltenverhältnis, in dem wir sie gewöhnlich kennenlernen, für diese in Freiheit aufgewachsenen Leute noch etwas Ungewohntes ist, in dem sie sich noch nicht zurechtfinden. Sie kommen zu uns, um Geld für einen bestimmten Zweck, gewöhnlich zum Kaufe einer Frau, zu verdienen. Dienen ist für sie nicht Beruf, sondern nur eine zeitweilige Unterbrechung des Lebens als Freie. Die Arbeit ist ihnen ein zum Zweck des Geldverdienens übernommenes hartes Muss, das sie sich nach Möglichkeit zu erleichtern suchen. Mit dem Ideal des treuen Dieners, das sich bei uns im Laufe einer langen Entwicklung ausgebildet hat, werden sie nur nach und nach, in dem Masse, als wir sie dazu zu erziehen ver-

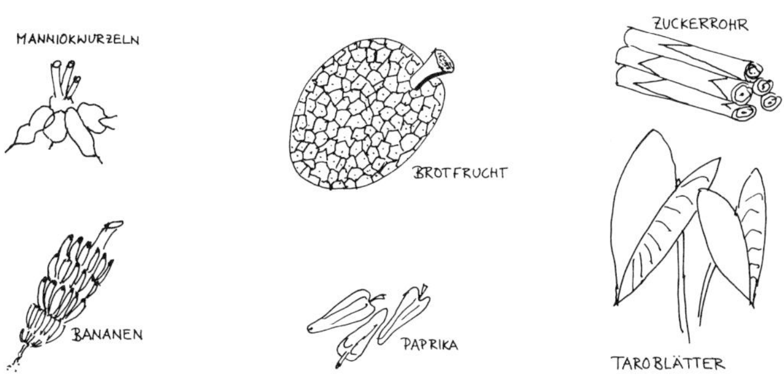

mögen, bekannt. So kommt es, dass sie sich in dem Angestelltenverhältnis nicht von ihrer guten Seite zeigen.

Wir unsererseits machen es ihnen nicht leicht, es zu tun. Mit dieser eigentümlichen Art von Angestellten in der richtigen Weise umzugehen, erfordert lange Erfahrung und grosse Selbstbeherrschung. Wir sind alle stets in Versuchung, sie zu viel zu schelten und uns hinreissen zu lassen, sie mit höhnischen Bemerkungen zu demütigen. In der steten Müdigkeit, in der wir uns infolge der dumpfen Hitze befinden, und in der Nervosität, die davon herrührt, dass wir uns dauernd um die kleinsten Dinge bekümmern und ständig auf Versäumnisse und Torheiten unserer Leute gefasst sein müssen, haben wir grosse Mühe, fähig zu bleiben, in der richtigen Weise zu gebieten und zu erziehen.

Und dennoch, wie viele treue Diener habe ich in diesen Jahren nicht nur unter meinen Leuten, sondern auch unter den Angestellten anderer Weisser kennengelernt!

Die Schwarzen bestehen nicht nur aus Fehlern und Dummheit, wie es nach den Berichten von Reisenden scheinen könnte, die sich ihr Urteil nur auf Grund des mit ihren Trägern erlebten Ärgers gebildet haben.

Um den Schwarzen wirklich zu verstehen, muss man mit ihm in dem Verkehr von Mensch zu Mensch bekannt werden. Man muss durch alles Befremdliche und Nicht-Sympathische, das er für uns in grösserem oder geringerem Masse an sich haben kann, hindurchschauen und sein eigentliches Wesen erfassen. Wem dies gelingt, der weiss, wie viel Gutes und Wertvolles in ihm vorhanden ist.

Was mir bei unsern Schwarzen immer wieder auffällt, ist ihre Gutmütigkeit. Wohl fehlt ihnen das unmittelbare, zur Tat nötigende Mitempfinden mit dem Mitmenschen, zu dem wir durch das Liebesgebot Jesu erzogen worden sind. Verglichen mit uns Europäern ist der Eingeborene, soweit es sich nicht um die Erfüllung der nächsten, durch die Familien und Stammeszugehörigkeit gegebenen Pflichten handelt, ein fast asoziales Wesen. Er ist noch durchaus mit sich selbst beschäftigt. Aber im Ertragen von Unbill, die ihm zugefügt wurde, zeigt er sehr oft eine erstaunliche Gelassenheit. Es kommt mir vor, als ob er dem Zorne und dem Gedanken der Vergeltung und der Rache weniger zugänglich wäre als wir.

Ein weisser Holzhändler, ein herzensguter aber etwas temperamentvoller Herr, sagte mir einmal: «Wie gut ist es, dass die Schwarzen einen besseren Charakter haben als wir.» In diesem Worte steckt ein Kern von Wahrheit. Jeder von uns ist schon durch die Art, wie die Eingeborenen unsere Heftigkeit hinnahmen, beschämt worden. Sie taten ruhig ihre Arbeit weiter und verhielten sich so freundlich zu uns, als wäre unser wohl nicht unberechtigtes aber wieder einmal arg übertrieben ausgefallenes Schelten überhaupt nicht über sie ergangen.

Ein Weisser aus der Gegend von Samkita befand sich in Streitigkeiten mit den Leuten eines flussabwärts seiner Niederlassung gelegenen Dorfes. Da er es nicht erreichen konnte, dass sie ihm die geforderte Genugtuung leisteten, beschloss er, sie beim Bezirkshauptmann von Lambarene zu verklagen. Als er sich auf die Fahrt begab, hatte er einen heraufziehenden Tornado nicht beachtet und wurde von ihm oberhalb des Dorfes seiner Gegner überrascht. Sich mit seinen Leuten an dem gekenterten Boote haltend, trieb er an dem Dorfe vorüber. Als die Einwohner ihre Rufe vernahmen, eilten sie ihnen trotz des gefährlichen Sturmes und trotzdem sie wussten, um wen es sich handelte, zu Hilfe. Sie brachten nicht nur die Menschen an Land, sondern bargen auch noch die Ladung des Bootes, soweit sie auf dem Fluss herumtrieb. Obwohl ihnen bekannt war, wozu der Weisse nach Lambarene hatte herunterfahren wollen, berührten sie mit keinem Worte, dass er dabei in die Lage gekommen war, die Hilfe der Leute, die er verklagen wollte, in Anspruch nehmen zu müssen.

Auch sonst sind mir Vorkommnisse bekannt, in denen Eingeborene viel Takt bewiesen. Mir gegenüber haben sie dies manchmal in einer Art getan, die mich in Staunen versetzte.

Durch sein ruhiges Wesen hat der Schwarze etwas Feines an sich. Er besitzt von Natur noch etwas in bestem Sinne Kindliches.

Erstaunlich ist für mich auch das Nachdenken, das ich so häufig bei Schwarzen antreffe. Sie sind mit den Fragen des Daseins in unmittelbarer und lebendiger Weise beschäftigt, auch wenn sie sich uns gegenüber selten darüber äussern. Kommt es aber einmal dazu, dass sie es tun, so wird offenbar, dass sie ein Innenleben haben, das wir bei ihnen nicht vermutet hätten. Ich habe mit Schwarzen Gespräche gehabt, die mich tief ergriffen haben. Dasselbe haben Ärzte und Pflegerinnen meines Spitals und Europäer unserer Bekanntschaft erlebt.

Wer einmal mit der geistigen Persönlichkeit des Schwarzen bekannt geworden ist, der weiss, dass er trotz der ihm eigentümlichen Schwächen und Fehler ein wertvolles Menschentum besitzt. In den vielen Jahren, in denen ich mit Schwarzen zu tun habe, habe ich sie, obwohl ich mich so manches Mal über sie aufzuregen hatte, dennoch achten und schätzen gelernt und glaube, dass es jedem Weissen, der mit ihnen nicht nur als Befehlender, sondern auch als Mensch verkehrt, ebenso ergeht.

BOYS IN EUROPA

Ein mir gut bekannter Leiter einer grossen Handelsfirma nahm, als er mit seiner Frau zur Erholung nach Europa fuhr, seinen Boy Bussuga mit. Bei der Ankunft in Bordeaux wurde dem Boy abends erklärt, dass seine Herrschaft im ersten Stock des Hotels wohne und er ein Zimmerchen oben unter dem Dach habe. Am Morgen gegen 8 Uhr solle er dann zum gewohnten Dienst herunterkommen.

Um ihn auf sein Zimmer zu bringen, fuhr der Herr mit ihm im Aufzug hinauf. Als dieser sich in Bewegung setzte, bekam der Boy Angst, warf sich zu Boden, umfasste die Knie des Herrn und wimmerte: «Hab Erbarmen mit mir, Herr, hab Erbarmen.» Dieser beruhigte ihn und belehrte ihn, dass dies eine Kiste sei, die für die Menschen die Treppen hinauf- und hinunterliefe. Auf dem Zimmer schärfte er ihm noch einmal ein, ja um 8 Uhr zum Dienst im ersten Stock zu erscheinen.

Am andern Morgen wartete er aber vergebens auf ihn. Er schickte einen Kellner hinauf, nach ihm zu sehen. Dieser kehrte mit dem Bescheide zurück, der Wilde sitze oben an der Treppe, weigere sich aber, herunterzukommen. Also musste der Herr hinauf. «Warum kommst du nicht?» fuhr er ihn an. «Herr», antwortete er, «ich warte auf die Kiste, die für mich die Treppe hinuntergeht.»

Nachher ging er aufs Land, zu der Mutter der Herrin. Der liebe Bussuga, von dem man aus Briefen schon so manches erfahren hatte, bekam ein schönes Zimmerchen mit einem mächtigen Bett. «Weisst du, wie man sich in ein solches Bett legt?» fragte ihn der Herr, als er ihn auf sein Zimmer führte. «Komm, ich zeige es dir.» Aber der Stolz des Boys liess es nicht zu, dass er hierin Belehrung nötig hatte. Am andern Morgen fand ihn der Herr auf den Sprungfedern unter der Matratze liegend.

Als der Boy einmal einen Sack mit Bohnen irgendwohin über die Strasse tragen sollte, ging dieser auf. Während er nun dabei war, die Bohnen wieder aufzulesen, kam eine Dame aus der Bekanntschaft der Familie des Weges einher und fing an, ihm dabei behilflich zu sein. Daraufhin hörte er mit dem Auflesen auf und liess sie allein darin fortfahren. Als die Bohnen wieder alle im Sack waren, gab er ihr eine kleine Münze. «Hier, Geschenk für dich.» In seiner Afrika-Mentalität hatte er sich die Hilfsbereitschaft der Dame nur aus dem Wunsche, etwas dafür zu erhalten, erklären können.

Zu Beginn des Herbstes wurde eines Morgens das ganze Haus durch das Jammergeschrei des Boys geweckt. Als der Herr hinaufstürzte, fand er ihn im Bette liegend und einmal über das andere ausrufend, dass er sterben müsse. Dabei sah er wohl aus und hatte einen guten Puls. «Was ist denn mit dir?» fuhr ihn der Herr an. «Was soll das Geheul?» «Herr», antwortete er, «das Feuer brennt in mir». Dabei fühlte er sich ganz kühl an. «Du hast ja kein Fieber!» sagte der Herr. «Mach, dass du aufstehst.» «Ich kann nicht, Herr. Oh das Feuer! Siehst du denn nicht den Rauch, der aus meinem Munde kommt?» Niemals hatte der Boy in Äquatorialafrika den Hauch seines Atems gesehen, auch auf der Seereise nicht, da diese im Sommer stattfand. Darum geriet er in solchen Schrecken, als er es an jenem Herbstmorgen beim Erwachen erlebte. Vergebens versuchte der Herr, es ihm zu erklären und ihn damit zu beruhigen, dass er ihn auf den Rauch, der auch aus seinem Munde kam, aufmerksam machte. Zuletzt zerrte man ihn aus dem Bett und führte ihn auf den Hof. Erst beim Anblick der Pferde, die an der Tränke munter Rauch aus ihren Nüstern stiessen, legte sich seine Angst nach und nach.

Ein Pflanzer oberhalb Samkitas hatte seinen treuen Koch N'Gema, den ich sehr gut kannte, mit nach Europa genommen. Er leistete ihm während des Urlaubs sehr gute Dienste.

Am ersten Abend nach der Rückkehr fanden sich die Bekannten N'Gemas vor der Küche ein, damit er ihnen von Europa erzähle. Sein Herr, der die Eingeborenensprache gut beherrschte, löschte das Licht und lauschte auf der dunklen Veranda. N'Gema schilderte die Fahrt auf dem grossen Dampfer, den Sturm auf dem Meere, die Eisenbahnfahrt, die grossen Hütten der Weissen, die herrlichen Pflanzungen, die man nicht gegen Elefanten zu schützen habe. Weiter erzählte er von den Wäldern in Europa, in denen man herumgehen könne, ohne sich einen Weg mit dem Buschmesser bahnen zu müssen, von den Pflanzungen, in denen das Mehl und der Wein wachsen, von den Dörfern, in denen so viele Leute wohnen, dass sie sich gar nicht mehr alle beim Namen kennen, und anderes mehr. Jedesmal gaben die Hörer ein erstauntes Ah von sich und verlangten noch mehr zu erfahren. Da erzählte er ihnen von Unterseebooten und Flugzeugen. Als das Erstaunlichste aber führte er zum Schluss an: «In Europa arbeiten die Leute ganz von selbst. Kein Aufseher braucht dabeizustehen.»

Zwei Boys, die die Herrschaft vom Holzplatz im Urwald auf ihr Landgut in Europa begleitet hatten, mussten ihren Bekannten bei ihrer Rückkehr ebenfalls Bericht erstatten. Als das Erstaunlichste erzählten sie ihnen, dass in Europa sogar die Tiere arbeiteten. Um die Neugierde zu stillen, die sie mit dieser Mitteilung erregt hatten, mussten sie immer wieder schildern, wie sie nach dem Verlassen des Schiffes einen grossen Wagen bestiegen, an den zwei Tiere, mächtiger als Büffel, angebunden waren, und wie der Weisse dann mit diesen Tieren wie mit Menschen gesprochen habe, worauf sie bald langsam, bald schnell liefen oder stehenblieben. Da es hier keine Pferde gibt, hatten sie es nicht leicht, den Zuhörern diese Tiere zu beschreiben. Grosse Schwierigkeiten machte es ihnen auch, die Arbeit der Ochsen vor dem Pfluge zu erklären.

Bei allen Berichten von Eingeborenen, die aus Europa zurückkehrten, habe ich immer bemerkt, dass nicht Eisenbahn und Flugzeuge, sondern die Bebauung des Bodens ihnen den grössten Eindruck machte. Mir ergeht es bei der Heimkehr ähnlich. Die Grossstadt, das Hotel, die Eisenbahn: alles ist mir gleich wieder vertraut. Aber dann durch das Land zu fahren, in dem sich Feld an Feld reiht, ist mir etwas so Ungewohntes und erscheint mir als etwas so Grossartiges, dass ich davon aufs tiefste bewegt werde.

In Europa ist der Mensch Herr über die Erde. Im Urwald Äquatorialafrikas ist er ein Geschöpf, das mit Mühe der Wildnis ein Stück Land abringt. Die Pflanzung bleibt vom Walde umgeben. Über kurz oder lang wird er sie wieder verschlingen...

Das Quaken der Frösche gehört zu den vielen Nachtgeräuschen des Urwalds.

Ich selber bin nicht Jäger. Aber an meinem Tische werden von den bei mir gepflegten Holzhändlern so viele Jagdgeschichten zum besten gegeben, dass ich Jagdgeschichten erzählen kann. Und genau kann ich sie erzählen, denn manche davon habe ich ein halb dutzendmal zu hören bekommen[1].

Das jagdbarste Wild ist hier der Affe. Hoch oben auf dem Baume fühlt er sich so sicher, dass er seiner natürlichen Neugierde nachgibt und an Ort und Stelle verbleibt, wenn unten der Jäger auf ihn anlegt. Oft sogar gibt er ihm ein leichtes Ziel, weil er ihn vom Baum herunter anschreit und ihm Grimassen schneidet. Gejagt wird der Affe des Fleisches halber, das etwa wie Ziegenfleisch schmeckt. Einer gewissen Art schwarzer Affen stellte man bis vor einem Jahre des Pelzes wegen nach, der in Paris Mode geworden war. Er war nämlich der einzige tiefschwarze Pelz, der nicht gefärbt zu werden brauchte, wie mir ein syrischer Händler erzählte, der die Küste Afrikas bereiste, um solche Pelze zu kaufen. Jetzt sind sie aus der Mode gekommen, und die schwarzen Affen haben ihre Ruhe.

Nicht zum jagdbaren Wild werden die sogenannten Menschenaffen, der Schimpanse und der Gorilla, ge-

[1] Der Urwald und seine Tiere sind für den Menschen eine stetige Bedrohung, gegen die er sich zu wehren hat. Albert Schweitzer sagte einmal dazu: «Es muss sein, dass die Tiere, die den Ertrag der Felder in Frage stellen oder sonst in irgendeiner Weise schädlich sind, abgeschossen werden. Edel aber ist nur die Jagd, die in der Absicht betrieben wird, die Tiere möglichst rasch und schmerzlos zu töten.»

rechnet. Diesen kommt auch der mutigste Jäger nicht gerne in den Weg. Sie gehen nämlich, sowie sie erblickt sind, gewöhnlich sofort zum Angriff über und haben den Jäger an der Gurgel, ehe er von seinem Gewehr Gebrauch machen kann. Den Kräften dieser Affen, wenn es sich um erwachsene Tiere handelt, sind die Menschen nicht gewachsen. Sie sind manchmal wahre Ungetüme, zweieinhalb Meter hoch, mit gewaltigen

Armen. Die Hand eines vor einigen Jahren im mittleren Kongogebiet erlegten Gorillas wog fünf Kilo. Gewöhnlich töten diese Affen den ihnen verhassten Menschen durch einen Biss in den Hals.

Es gibt aber auch Fälle, wo sie ihn, wenn er absolut regungslos bleibt, unbehelligt lassen. Ein mir bekannter Weisser, der in der Gegend nördlich von Lambarene mit einer Trägerkarawane Reis, Tabak und Salz ins Innere schaffte, fand die Zeit zu lang, als seine Leute morgens ihre Lasten aufluden, und ging ihnen auf dem ihm wohlbekannten Urwaldpfade voran. Plötzlich, bei einer Biegung des Weges, stiess er mit einem Gorillapaar zusammen, das einen jungen Gorilla an der Hand hielt, wie Bürgersleute ihr Kind beim Spaziergang mit sich führen. Das Gewehr von der Schulter zu reissen, war keine Zeit. Es hätte auch gar nichts genützt. So blieb dem Wanderer nichts übrig als stramm zu stehen, so gut es die zitternden Glieder erlaubten. Vater, Mutter und Kind betrachteten ihn ausgiebig. Nachdem die erste Neugierde befriedigt war, liess das Kind die Hand der Mutter los, um nach den Knöpfen am Rock des Weissen zu reichen. Während es damit spielte, lächelte dieser es krampfhaft an, damit es sich ja nicht fürchte. Hätte es eine Bewegung des Erschreckens gemacht, so hätte ihn der alte Gorilla ja gleich in Stücke gerissen. Nachdem das Spiel eine Weile gedauert hatte, nahm die Gorillamutter das Kind wieder bei der Hand und zog es von dem Weissen weg, als wollte sie ihm sagen: «Jetzt hast du diese Missgeburt lange genug angeschaut.» Und Vater, Mutter und Kind zogen ihres Weges weiter. Der Weisse aber brach zusammen. Nie wieder ist er seitdem seiner Karawane in den frischen Morgen hinaus vorausgewandert.

Ein anderer Weisser hatte eine Feldbahn in seinem Walde angelegt, um das Holz herauszuschaffen. Als er eines Tages hinausging, ein neuvollendetes Stück derselben zu besuchen, traf er vier Schimpansen an, die auf den Schienen sassen und sich augenscheinlich über diese neue Einrichtung unterhielten. Sie sahen ihn kommen, wichen aber nicht von der Stelle, sondern glotzten ihn an, als wollten sie Rechenschaft von ihm verlangen über das, was er da mit dem Wald anstellte. Er wagte nicht, an ihnen vorüberzugehen, sonder verschob die Besichtigung der neuen Strecke auf den folgenden Tag.

Das Gebiet südwestlich von Lambarene gilt allgemein als die Gegend Äquatorialafrikas, in der es die meisten Gorillas gibt. Hier machte der amerikanische Professor Garner, der vor einigen Jahren verstarb, seine Studien über die Sprache der Affen. Er will die Gorillasprache erlauscht haben, indem er in einem festen Käfig tage- und nächtelang im Urwald hauste und den Affen zuhörte, die sich um seinen Käfig herum über ihn unterhielten. Trotz der langen Artikel, die er über die Affen geschrieben hat, glaube ich, dass er davon nicht mehr verstanden hat, als irgendeiner von uns. Im Zusammensein mit ihm bekam ich den Eindruck, dass er flunkerte.

Die Eingeborenen behaupten, dass die Gorillas in gewissen Dörfern zusammenwohnen. In Wälder, die als solche Gorillasiedlungen bekannt sind, wagen sie sich nicht hinein. Zwei Weisse, die einen guten Platz zum Holzfällen suchten, kamen an einen solchen Wald. Die sie begleitenden Neger erklärten ihnen, dass sie nicht weiter mitgehen würden. Von alters her gehöre dieser Wald nicht den Menschen, sondern den Gorillas. Die Weissen verlachten sie ob solcher Märchen und beschlossen, da der Wald reich mit Edelholz besetzt schien, ihn allein zu durchforschen. An Waffen hatten sie nur zwei leichte Schrotflinten bei sich. Nachdem sie unbehelligt ziemlich weit gewandert waren, begegneten sie einem Gorilla, der sich aber bei ihrem Anblick gleich zurückzog. Einige Minuten später tauchte ein Gorillapaar auf. Auch dieses wich ihnen, wenn auch zögernd, aus. Wenige Augenblicke später bekamen sie ein Gorillapaar mit einem Jungen zu Gesicht. Nun ging ihnen auf, dass da wirklich eine Gorillasiedlung wäre. Aber durch das Benehmen der ihnen bisher begegneten Gorillas mutig gemacht, gingen sie unentwegt auf dieses neue Paar zu. Und wirklich, auch dieses zog sich zurück. Auf einmal aber liess der Gorillavater, ein mächtiges Tier, Frau und Kind stehen und ging mit Bellen und Knurren auf die Weissen zu. An ein Entkommen war nicht zu denken. Zum Glück war einer von ihnen ein erfahrener Jäger, der die Angriffsweise der Gorillas kannte. Der Gorilla läuft nämlich auf allen vieren, indem er sich mit seinen langen Vorderarmen auf den Boden stützt. Auf einige Meter an sein Opfer herangekommen, richtet er sich aber dann plötzlich in seiner ganzen Grösse auf, um es an dem Hals zu fassen. Diesen Augenblick warteten die beiden ab und schossen dem Gorilla auf fünf Meter Entfernung ihre Schrotladung in den Kopf. Er fiel tot nieder. Sie aber eilten, so schnell sie ihre Füssen trugen, zu ihren Negern zurück und gaben den Plan, den Wald der Gorilladörfer abzuholzen, ein für allemal auf.

Der Elefant wird bei uns nicht des Elfenbeins wegen gejagt. Obwohl dieses hoch im Preise steht, würde es doch die Strapazen der Elefantenjagd nicht lohnen. Gejagt wird der Elefant um seines Fleisches wegen, und weil er die Bananenpflanzungen verwüstet. Das Fleisch wird an Ort und Stelle geräuchert und dann in die Dörfer geschafft, wo es teuer verkauft wird. Manchmal aber eilen auf die Nachricht von der Erlegung eines Elefanten so viele Liebhaber von Elefantenfleisch herzu, dass es nicht zum Räuchern kommt. Als ein Elefant in der Nähe des Holzplatzes eines Weissen erlegt wurde, machten sich die hundertundfünfzig dort beschäftigten schwarzen Arbeiter über das Tier her und hatten es in zweieinhalb Tagen aufgegessen. Einem davon blieb ein Knochen im Halse stecken und er musste, da Erstikkungsgefahr bestand, eiligst zu mir geschafft werden. Auf diese Weise erfuhr ich von dem Festmahl.

Die berufsmässigen schwarzen Elefantenjäger sind etwas unheimliche Gesellen. Unter den Negern besteht nämlich der Glaube, dass zum Erlegen eines Elefanten jedesmal ein starker Fetisch gehöre. Der stärkste Fetisch aber ist derjenige, in dem sich die Hirnschale eines eigens zur Fetischbereitung erschlagenen Menschen befindet. Es besteht also Gefahr, dass der schwarze Elefantenjäger, um den erforderlichen Fetisch zu erlangen, zum Mörder wird. Ein Weisser erzählte mir, dass er einen ausgezeichneten schwarzen Elefantenjäger, der ihm mehrmals seine Dienste antrug, niemals angenommen habe, weil er ihm zutraute, dass er zur Erreichung des guten Fetischs vor dem Mord nicht zurückscheuen würde.

Gewöhnlich wird behauptet, dass der afrikanische Elefant, darin vom indischen ganz verschieden, sich nicht zähmen lasse. Dies ist nicht ganz richtig. Ich erinnere mich eines gezähmten Elefanten in der Gegend bei Cap Lopez, der auf einer Pflanzung Wagen zog und andere Dienste leistete. Er war sogar so zivilisiert, dass er, sowie die Mittagsglocke geläutet hatte, zu keinem Dienst mehr zu bewegen war. Transportierte er einen Balken in dem Rüssel, so warf er ihn beim ersten Klang der Glocke auf den Boden.

Auf einer Pflanzung oberhalb Samkita ist ein achtjähriger Elefant, Sophie genannt. Er ist sehr zutraulich. Unter einem erfahrenen Führer hätte er sich sicher zur

Arbeit abrichten lassen. Hier aber fehlte eben das Personal zur Elefantenzähmung, über das man in Indien verfügt. So ist dieser Elefant ein lieber Taugenichts geworden. Er ist der Schrecken des Gärtners, dem er den Salat und die Bohnen ausreisst. Bisweilen belustigt er sich damit, Kakaobäume zu Dutzenden aus dem Boden zu heben. Ein anderer Streich von ihm ist, den Hühnerstall aufzumachen. So wurde vor einigen Monaten der Plan gefasst, dieses Tier nach Europa in einen zoologischen Garten zu verkaufen. Ein Käufer fand sich alsbald. Sophie wurde zum Spaziergang an den Fluss eingeladen, wo der Dampfer mit einem mächtigen Schleppkran lag. Der Spaziergang behagte ihm. Als er aber über den Steg in den Schleppkran gehen sollte, wurde ihm die Sache verdächtig. Nun wurden ein paar Dutzend Neger aufgeboten, die an ihm schoben und zogen. Vielleicht wäre die Sache bei der herzigen Gutmütigkeit Sophies auch geglückt, wenn nicht im kritischen Moment die Maschine hätte Dampf ausströmen lassen. Bei diesem ungewohnten Geräusch stieg der Elefant kerzengerade in die Höhe, und die Neger, die sich an ihn gehangen hatten, liefen davon und warfen sich ins Wasser. Einer stolperte dabei über eine Wurzel und zog sich einen schweren, offenen, durch die Erde beschmutzten Beinbruch zu, so dass er alsbald zu mir ins Spital transportiert werden musste. Wir haben ihn seitdem in Pflege und hoffen, das Bein zu retten. Sophie aber zog ruhig nach Hause und figuriert weiter in dem Inventar der Pflanzung mit dem Vermerk: Sophie, weiblicher Elefant; acht Jahre alt; Wert: zwanzigtausend Franken; schädliches Tier; monatliche Kosten hundertfünfzig Franken.

Auch das Nilpferd wird um des Fleisches wegen gejagt. Der richtige Jäger schiesst nie auf das Nilpferd um des Vergnügens willen. Es hat gar keinen Sinn, wie es die Neulinge tun, vom Flussdampfer aus Kugeln auf eine Bande Nilpferde zu versenden. Die Tiere, die nur verwundet worden sind, werden nämlich gefährlich. Diese sind es, die nachher in blinder Wut die kleinen Boote anfallen und sie zum Kentern bringen, um sich auf die Schwimmer zu stürzen und ihnen die Glieder zwischen ihren gewaltigen Zähnen zu zermalmen. Die getöteten Tiere aber versinken im Strom und sind verloren. Der richtige Jäger schiesst das Nilpferd nur, wenn er Zeit und Gelegenheit hat, in den Besitz des Fleisches zu kommen. Ist das tote Nilpferd nämlich untergegangen, so dauert es zwölf Stunden, bis es durch die Gase, die sich bei der innerlichen Verwesung bilden, aufgebläht wird und wieder an die Oberfläche kommt. Ist das Nilpferd im Strome erlegt, so heisst es also zwölf Stunden, und manchmal noch viel länger, mit dem Boote etwas unterhalb der Stelle, wo es untergegangen ist, Wache zu halten, um den aufsteigenden Leichnam im richtigen Augenblick zu erschauen und zu bergen. Bricht unterdes die Nacht ein, so kann es vorkommen, dass die Beute unentdeckt fortschwimmt und für den Jäger verlorengeht. Aber die Leute stromabwärts werden sie früher oder später entdecken und sich daran gütlich tun. Und ist das Fleisch auch schon ganz grün und stinkend: das Festmahl wird doch abgehalten. Faules Fleisch bereitet nämlich unsern Negern keinen Ekel. Es wird mit Appetit und merkwürdigerweise auch ohne Schaden gegessen. Eine neu angekommene Dame, die einen Neger fragte, wie er so stinkendes Fleisch essen könne, erhielt zur Antwort: «Man isst ja das Fleisch und nicht den Geruch.»

Das beste wäre also, das Nilpferd zu erlegen, wenn es auf dem Lande ist. Dies aber ist sehr gefährlich. Das verwundete Tier geht alsbald auf den Jäger los und ist ihm trotz seiner schwerfälligen Gestalt an Schnelligkeit bei weitem überlegen. Selten wird ein Nilpferd durch die erste Kugel getötet. Ein Jäger muss also gutes Vertrauen in seine Geschicklichkeit haben, um dem Nilpferd auf dem Lande nachzustellen.

Tagsüber ist das Nilpferd im Wasser. Bei Einbruch der Dunkelheit geht es ans Land, und zwar immer an der-

selben Stelle. Oft ist das Ufer vom Bauch der sich auf das Land hinaufarbeitenden Tiere wie abgeschliffen. Dem Nilpferd zu begegnen ist also nicht schwer. Es zu erwarten fordert aber Mut. So hatten die Leute eines Dorfes zwei Weisse, die noch nicht sehr lange hier sind und nicht zu den hervorragenden Jägern gehören, auf die Nilpferde, die etwas oberhalb ihres Dorfes ans Land zu gehen pflegten, aufmerksam gemacht und sie in der Hoffung auf den grossen Schmaus aufgefordert, sie zu erlegen. Bei Sonnenuntergang zog man an den Platz. Es wurde dunkel. Im Flusse hörte man das Schnauben der sich nähernden Nilpferde. Als aber die Jäger einige Fragen an die Neger taten, die mit auf der Lauer lagen, bekamen sie keine Antwort. Sie hatten sich heimlich davon gemacht. Jetzt hörte man die zwei Nilpferde sich auf das Ufer hinaufarbeiten. «Bist du noch da?» flüsterte der eine Jäger dem andern zu. «Ja», antwortete dieser, «aber bald nicht mehr.» Und als der Genosse nach dem Platze des Antwortenden tastete, war dieser schon leer. Da folgte auch er, so schnell er konnte, dem Beispiel, das ihm die anderen gegeben hatten, während das Gesträuch unter den Füssen der Nilpferde krachte.

Zwei andere Jäger, auch Neulinge, gedachten die Sache besonders klug anzufangen. In einer Lichtung entdeckten sie die Fährte landender Nilpferde und ersahen zwei leicht besteigbare junge Bäume, auf denen sie die Tiere im Mondenschein zu erwarten gedachten. Als diese sich in der Ferne vernehmen liessen, stiegen sie mutig auf die Bäume und harrten der Dinge, die da kommen sollten. Nach einigen Augenblicken aber fing der eine an sich auf seinem Baume zu bewegen und zu stöhnen. «Bleib doch ruhig», raunte ihm der andere zu. – «Ich kann nicht.» – «Warum kannst du nicht?» – «Ameisen.» Er war auf einen von den berüchtigten schwarzen Ameisen bewohnten Baum geraten. «Da sind die Nilpferde! Halt es einen Augenblick aus!» Aber die Ameisen waren die stärkeren. Der Weisse warf seine Flinte vom Baum und sprang ihr nach, und die Nilpferde, durch den Lärm gewarnt, warfen sich ins Wasser.

Jahrelang machte ein böses Nilpferd einen kleinen zu einem See führenden Flussarm unsicher. Es griff jedes Boot an. Zehn Menschen waren ihm bereits zum Opfer gefallen, ohne dass es gelungen war, es zu erlegen. Eines Tages fuhr ein Amerikaner auf jenem Flussarm, um Nahrung für die Leute auf seinem Holzplatz zu holen. Als guter Schütze hatte er sein Mausergewehr schussbereit zwischen den Knien und war eingenickt. Plötzlich stiessen ihn die Neger auf. Fünf Meter von dem Boot tauchte das gefürchtete Nilpferd empor, um es durch einen Stoss seines Leibes umzuwerfen. Aber schon hatte es die Kugel im Kopfe. Dies trug dem Schützen grossen Ruhm in der ganzen Gegend ein. Fast hätte ich die Zähne dieses Nilpferdes bekommen. Der Amerikaner wollte mir sie schenken als dankbares Andenken für die Pflege, die er bei mir in schwerer Krankheit gefunden hatte. Aber als er zur Erholung Afrika verliess, vergass er es, und ich wagte nicht, ihn daran zu erinnern.

Derselbe Amerikaner hatte ein merkwürdiges Abenteuer mit einem Büffel. Er hatte auf ihn geschossen und ihn gefehlt. Da er keine Kugel mehr im Gewehr hatte, blieb ihm nichts übrig, als davonzulaufen. Bald aber hatte ihn der Büffel erreicht. Nun drehten sie wohl eine Viertelstunde lang hintereinander um einen Baum herum. Als der Amerikaner nicht mehr konnte, entschloss er sich, den Büffel bei den Hörnern zu fassen und ihn umzuwerfen, wie es die amerikanischen Rinderhirten machen. Er durfte dies wagen, weil er die Übung eines amerikanischen Rinderhirten und die Kraft eines Herkules besass. Aber der afrikanische Büffel liess sich nicht auf amerikanische Art umwerfen. So tanzten beide miteinander herum, bis die Neger des Amerikaners endlich herbeieilten und ihn vom Büffel befreiten, als seine Kräfte eben zu Ende gingen.

Einmal verirrte sich dieser Amerikaner in Begleitung eines anderen Weissen auf der Jagd. Drei Tage durchwateten sie einen Sumpf nach dem andern, ohne irgend etwas zu essen zu haben. Die Nächte brachten sie in strömendem Regen zu. Als sie vor Erschöpfung fast nicht mehr weiter konnten, gelang es einem Neger ihrer Begleitung, sich nach der Form eines Baumes, den er in der Ferne erschaute, zu orientieren. Es fand sich, dass sie gar nicht weit von ihrem Holzplatz umhergeirrt waren.

Als er krank zu mir gebracht wurde, war der herkulische Amerikaner ein armseliges Skelett, das ich ohne

Die kleinen Schwirrvögel setzen sich nie, sie holen sich den Nektar im Schwirrflug aus den Blüten.

Anstrengung aus dem Boote herausheben und zur Krankenbahre tragen konnte.

Alle hervorragenden Jäger, die ich kenne, sind sehr vorsichtig und scheuen sich gar nicht zu erzählen, wie sie bei dieser und jener Gelegenheit für gut fanden, sich der Gefahr durch die Flucht zu entziehen. Alle schärfen sie den Neulingen grösste Vorsicht ein. Wie mancher hat hierin schon gute Lektionen an meinem Tisch erhalten!

Das gefährlichste ist, einen angeschossenen Leoparden zu verfolgen. Weil er diese Vorsicht vergass, kam letzthin ein italienischer Holzhändler in grosse Not. Bei der Wanderung durch Grasland südwestlich von Kap Lopez stiess er unvermutet auf einen Leoparden, den er, wie die reichen Blutspuren bezeugten, durch einen Schuss schwer verletzte. Nach einigem Suchen fand er den Leoparden in einer kleinen mit Riedgras bewachsenen Talmulde. In dem Augenblick, als er ihn so zu Gesicht bekam, dass er nochmals auf ihn schiessen konnte, erblickten ihn auch seine Neger, die er hinter sich gelassen hatte, und erhoben ein lautes Geschrei, um ihren Herrn zu warnen. Dadurch wurde der Leopard so gereizt, dass er mit Aufbieten der letzten Kraft auf den Weissen lossprang. Unfähig zu schiessen, streckte ihm dieser den Kolben seines Gewehres hin, dass er sich darin verbeisse, was der Leopard auch tat, wie die Löcher im Holz bezeugen. Schritt für Schritt wich er dann zurück, wie ein Fechter die Angriffe des Leoparden mit dem Kolben parierend, um seinen Leuten Zeit zu geben, mit Speeren herbeizueilen. Unglücklicherweise stolperte er und kam zu Fall. Alsbald verbiss sich der Leopard in seinen Arm, den er im Todeskampfe unter den Speeren der Neger bis auf den Knochen zerfleischte. Als der Italiener nach mehrtägiger Reise zu mir gebracht wurde, war es zweifelhaft, ob der Arm zu retten wäre. Nach sechswöchiger Pflege konnte ich ihn geheilt entlassen. Aber was hat er beim Verbinden der tiefen, vereiterten Wunden für Schmerzen ausgestanden!

Wenige Monate zuvor hatte ich einen Neger zu pflegen, den ein Leopard nachts in seiner Hütte angegriffen hatte.

Die Vorliebe des Leoparden geht auf Hunde. Einem weissen Holzhändler holte ein Leopard am hellen Tage zwei Hunde aus dem Hause. Sind keine Hunde da, so nimmt er mit Hühnern vorlieb. Hat er einmal einen Hühnerstall entdeckt, so lässt er nicht davon ab, selbst wenn auf ihn geschossen worden ist. Ist er verscheucht worden, so kommt er nach einer halben Stunde wieder. Diese Dreistigkeit bringt ihm dann gewöhnlich den Tod.

Leider gibt es noch Jäger, die auf den weissen Edelreiher Jagd machen, dessen Federn als Hutschmuck in Europa sehr gesucht sind. Immer mehr ziehen sich diese armen Vögel in die abgelegenen und unzugänglichen Wasserläufe zurück, wo sie hoffen können, unbehelligt zu bleiben. Auf dem Fluss bekommt man sie fast kaum mehr zu Gesicht.

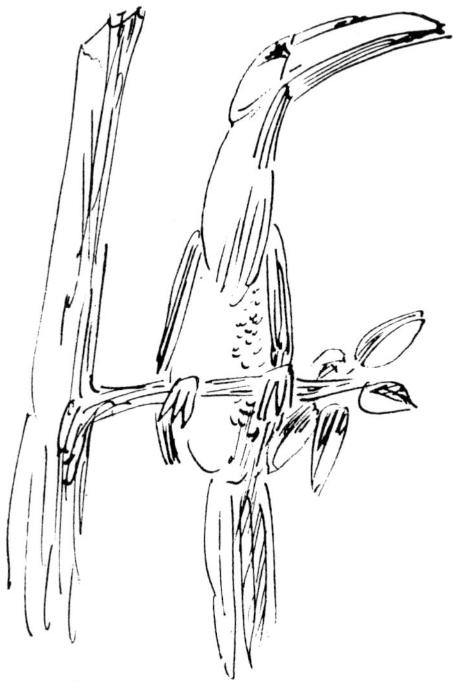

Nashornvogel

BÜCHER VON ALBERT SCHWEITZER

Albert-Schweitzer-Lesebuch, 1985 (Beck und Ex Libris)
Ausgewählte Kostbarkeiten, 1981 (SKV)
Aus meinem Leben und Denken, 1980 (Meiner und Fischer-Taschenbuch)
Aus meiner Kindheit und Jugendzeit, 1979 (Beck und Haupt)
Blumen am Wege, 1985 (Haupt)
Briefe aus dem Lambarene-Spital 1930–1954, 1981 (Union)
Briefe aus Lambarene 1924–1927, 1955 (Beck)
Das Abendmahl, 1983 (Olms)
Das Christentum und die Weltreligionen. Mit einer Einführung in Schweitzers Denken von Ulrich Neuenschwander, 1978 (Beck und Haupt)
Deutsche und französische Orgelbaukunst und Orgelkunst, 1968 (Breitkopf & Härtel)
Die Lehre von der Ehrfurcht vor dem Leben, 1976 (Beck)
Die Mystik des Apostels Paulus, 1981 (Urban)
Die Religionsphilosophie Kants, 1979 (Olms)
Die Verteidigung des Lebens, 1984 (GTB)
Die Weltanschauung der indischen Denker, 1978 (Beck und Haupt) und 1982 (dtv)
Friede oder Atomkrieg, 1982 (Beck)
Geschichte der Leben-Jesu-Forschung, 1977 (GTB)
Getrost im Alltag, 1984 (Haupt)
Glaube, 1982, 2. Auflage 1984 (Haupt)
Im Banne der Musik, 1958 (Hyperion)
Johann Sebastian Bach, 1967 (Breitkopf & Härtel)
Kein Sonnenstrahl geht verloren, 1960 (Hyperion)
Kultur und Ethik. Mit Einschluss von «Verfall und Wiederaufbau», 1972 (Beck)
Mitteilungen aus Lambarene 1913–1914, 1983 (Union)
Reich Gottes und Christentum, 1967 (Mohr)
Selbstzeugnisse (Aus meiner Kindheit und Jugendzeit/ Zwischen Wasser und Urwald/Briefe aus Lambarene 1924–1927), 1980 (Beck und Haupt)
Strassburger Predigten, 1966 (Beck)
Vom Sinn des Lebens, 1983 (Haupt)
Von Mensch zu Mensch, 1961 (Hyperion)

Was sollen wir tun? 12 Predigten über ethische Probleme, 1974 (Schneider)
Zur Diskussion über Orgelbau, 1977 (Merseburger)
Zwischen Wasser und Urwald, 1963 (Haupt)

BÜCHER ÜBER ALBERT SCHWEITZER

Abe M.: Ali Silvers Weg für Albert Schweitzers Werk, 1984 (Braun)
Albert Schweitzer und die Tiere, 1979 (Schweizer Hilfsverein)
Bomze E.: Das neue Lambarene, 1984 (Kunz)
Bomze E.: Helene Schweitzer, sein treuester Kamerad, 1984 (Kunz)
Brüllmann R.: Aus dem Leben und Denken Albert Schweitzers, 1982, 4. Auflage 1984 (Haupt)
Fischer E.: Dankeschön, Dr. Schweitzer, 1984 (Wek)
Geiser S.: Albert Schweitzer im Emmental, 1974 (Rotapfel)
Grässer E.: Albert Schweitzer als Theologe, 1979 (Mohr)
Jacobi E.R.: Albert Schweitzer und die Musik, 1975 (Breitkopf & Härtel)
Lamprecht S.: Albert Schweitzer und die Schweiz, 1982 (Juris)
Laubi W.: Albert Schweitzer, der Urwalddoktor, 1984 (Benziger und Kaufmann)
Mai H.: Das Albert-Schweitzer-Spital, Lambarene, 1984 (Kunz)
Munz W.: Lambarene 1913–1979. Der Löstungsversuch von Albert Schweitzer. Reihe «Die Dritte Welt und wir», 1980 (Haupt)
Neuenschwander U.: Denker des Glaubens I, 1978 (GTB)
Oswald S.: Mein Onkel Bery. Erinnerungen an Albert Schweitzer, 1972 (Rotapfel)
Pierhal J.: Albert Schweitzer, 1982 (Fischer)
Steffahn H.: Albert Schweitzer in Selbstzeugnissen und Bilddokumenten, 1979 (rororo)
Steffahn H.: Du aber folge mir nach. Albert Schweitzer, Werk und Wirkung, 1974 (Haupt)
Wenzel L.: Albert Schweitzer gestern – heute. Eine Anthologie der Begegnungen, 1974 (Haupt)
Woytt-Secretan M.: Albert Schweitzers Lambarene lebt, 1979 (Langewiesche)